Rolf Taubert

Vom Amtsleben

Über die Kultur der Bürokratie

Rolf Taubert

Vom Amtsleben

Über die Kultur der Bürokratie

Asanger Verlag • Kröning

Prof. Dr. Rolf Taubert (Jahrgang 1947), Studium der Sozialwissenschaften an der Ruhr-Universität Bochum, Diplom 1973, Promotion 1976 (bei Urs Jaeggi/Kurt Koszyk), 1977 Habilitationsprojekt der DFG (Deutsche Forschungsgemeinschaft), seit 1981 Lehraufträge an verschiedenen Hochschulen und Universitäten. Letzte Publikation 2021: „The dance of change".

Prof. Dr. Rolf Taubert
Am Walzwerk 25
45527 Hattingen
Phone: +49 (234) 97 11 20
Fax: +49 (234) 97 11 215
Website: www.imo-bochum.de
E-Mail: rolf.taubert@imo-bochum.de

Layout: Wolfgang Wohlers, einsatz.berlin

Druck: PBtisk, a.s., Czech Republic

Bibliographische Informationen der Deutschen Nationalbibliothek:
Die Deutsche Nationalbibliothek verzeichnet diese Publikation in der Deutschen Nationalbibliographie; detaillierte bibliographische Daten sind im Internet über http://dnb.d-nb.de abrufbar.

ISBN 978-3-89334-667-7

Vorwort

„Wer sein Geschäft wie eine Maschine betreibt, dem wächst ein Maschinenherz".

Dschuang Dsi 4. Jahrhundert v. Chr.

Dieses Buch erzählt Geschichten aus einer Ausstellung, die nie stattgefunden hat und nicht stattfinden durfte – 1984, eine herkömmliche Veranstaltung zum Thema „Bürgernahe Verwaltung" an der Fortbildungsakademie des Nordrhein-Westfälischen Innenministers. Fortbildung für Beamte und andere Bedienstete des Öffentlichen Dienstes: Aus der Teilnehmergruppe entstand der Gedanke, die Inhalte unserer Diskurse pädagogisch-didaktisch – in Form einer Ausstellung – aufzubereiten. Erweitert um einen Kreis von Studierenden der Niederrheinischen Hochschule für Design entstanden so Objekte und Dokumentationen, die sich vorgenommen hatten, das nun präzisierte Thema „Kultur in der Bürokratie" kritisch zu beleuchten.

Was nach der internen Eröffnung der Ausstellung geschah, kann vortrefflich als Satire politischer Kultur herhalten: Der „liberale" Innenminister, Herbert Schnoor, der das Konzept der Ausstellung kannte, konnte sich gegen diejenigen, die die Ausstellung im kritischen Blick hatten, also die Bürokratie, nicht durchsetzen. Statt der geplanten Eröffnung im Hause des Regierungspräsidenten zu Köln wurde die Ausstellung eingestampft. Auch Kölns damaliger Regierungspräsident, F. J. Antwerpes (SPD), engagierte sich öffentlich zum Verbot eines solchen Events in seinem Hause: Diese Ausstellung sei nicht ein kritischer Spiegel, sondern eine „Zumutung für seine" Beamten (man beachte das Possessivpronomen!).

Dass sich die Angehörigen des Öffentlichen Dienstes auch ein eigenes Urteil über das Dargebotene hätten verschaffen können, hat ihn nicht überzeugt. Im Hause des Regierungspräsidenten zu Köln war die Ausstellung, ihre Eröffnung, nunmehr verboten. Damit war exakt das bewiesen, was unsere Ausstellung unter anderem zu dokumentieren beabsichtigte: Es herrschte (und herrscht auch heute noch?) in der Hierarchie der Öffentlichen Verwaltung eine Kultur, eine Tendenz zur Entmündigung der Mitarbeitenden. Sie werden, wie wir u.a. dokumentieren, nicht wie gleichberechtigte Staatsbürger, sondern wie Unmündige, wie minderjährige Kinder behandelt.

Ich habe den Text zur Ausstellung und einige Archivalien konserviert, überarbeitet und will sie nunmehr vor allen Dingen den interessierten Lesern zeigen, die ihn als Stoff zum Nachdenken darüber benutzen wollen, was sich eigentlich seither verändert hat, haben könnte oder haben sollte. Aktuelle Bezüge sind somit beabsichtigt. Die historischen Dokumente haben regionalen Bezug, können uns jedoch durchaus verallgemeinerbare Einsichten über den Geist, der in der Bürokratie herrscht, eröffnen. In der historischen Verfremdung durch die 50/60-er Jahre des 20.Jahrhunderts bemühe ich mich, die Sichtbarkeit auf aktuelle Verhältnisse zu ermöglichen. Ich verspreche: Es wird geschmunzelt werden.[1]

P.S. Wenn ich im Text von „Beamten" schreibe, dann meine ich selbstverständlich alle Bediensteten des Öffentlichen Dienstes, die, bei aller Differenzierung der einzelnen Beschäftigtenverhältnisse (Beamte und andere Beschäftigte) unter den gleichen oder ähnlichen strukturellen Bedingungen arbeiten.

Die zitierten Quellenangaben beziehen sich, soweit sie nicht der allgemein zugänglichen Literatur entnommen sind, auf den ursprünglichen Katalog „Vom Amtsleben" (Attendorn 1984).

[1] Womit ich gern einen Hinweis auf das Standardwerk der satirischen Soziologie verbinde: Peter & Hull, Das Peter-Prinzip oder Die Hierarchie der Unfähigen (Reinbek, 1970)

Von der Kultur zur Subkultur

„Am Anfang war das Wort“... wirklich? Die Finsternis der Worte birgt so manches Unverständnis. So auch in unserem Fall: ein Projekt über die *Kultur* in den Behörden?

Ein Buch über etwas, das es nicht gibt? „Die öffentliche Verwaltung, die hat doch keine Kultur“. So ließen sich Menschen ein, die erbost waren, weil sie – wer hat das noch nicht? – schlechte Erfahrungen mit den Behörden gemacht hatten. Andere, reformfreudige Zeitgenossen, die dem Begriff der *Bürokratie* zwar auch einen kritischen Unterton beimischten, waren dennoch der Auffassung, mit etwas Kultur sei den Behörden geholfen. Wer wollte das nicht? „Ich fordere schon lange, dass unsere Behörden mehr Kultur bekommen“. Dritte wiederum hatten ein anderes Verständnis unseres Themas: „Kultur ist das eine, Verwaltung das andere“. Interessanterweise reagierten gerade *die* Menschen, die es eigentlich genauer wissen müssten, weil das Verwalten ihr Beruf ist, am häufigsten im Sinne unserer letztzitierten Äußerung; sie hatten für sich das Wesen ihrer Arbeit, das *Verwalten,* deutlich abgetrennt vom *Kulturellen.* Ein dichotomes Verständnis eines in der gesellschaftlichen Realität zusammenhängenden Phänomens, so oder so ähnlich würden es Sozialwissenschaftler beschreiben, wenn sie dem *mentalen* Modell von Beamten und anderen Bediensteten im Öffentlichen Dienst näherkommen wollten.

Ein solch unterschiedliches Vorverständnis von Kultur hat verschiedene Gründe. Zu den semantischen Eigentümlichkeiten gehört es, dass der Begriff nicht deutlich umrissen, eingegrenzt oder klar belegt ist.[2]

Ich erinnere mich eines Satzes von Josef Beuys, der aus Anlass der Begutachtung eines (Kunst?-)Objektes formulierte: „Dieser Gegenstand ist Ausdruck menschlicher Kreativität und damit Kultur“. Mit anderen Worten: Alles ist Kultur. Der Begriff ist entgrenzt, ausgefranzt. Ist er damit beliebig verwendbar? Nicht ganz.

[2] Dies scheint auch der Grund dafür zu sein, dass sich viele Missverständnisse um den Begriff ranken; schon 1952 erhoben Kroeber und Kluckhohn, zwei amerikanische Soziologen, 150 verschiedenen wissenschaftliche Definitionen des Wortes „Kultur“; seither sind sicherlich noch viele dazugekommen (Kroeber & Kluckhohn, 1952).

Denn das gesellschaftlich dominante Verständnis verbindet mit dem Kulturbegriff etwas Höheres, Verfeinertes, das mit Kunst und den letzten ewigen Werten zu tun hat, der bürgerlichen Hochkultur. So etwas soll mit Amtsstuben und Bürokratie vereinbar sein? Vor diesem Hintergrund erscheint es nur verständlich, dass *mentale Konstrukte*[3] entstanden sind, die uns sagen wollen, dass es sich hierbei um zwei völlig gegensätzliche soziale Phänomene handelt. Können wir uns damit zufriedengeben? Natürlich nicht. Denn, wie bei allen begrifflichen Einordnungen, die unserer groben gesellschaftlichen Orientierung dienen, handelt es sich auch hier um das Alltagsverständnis, ein oberflächliches Klischee, das es lohnt, kritisch hinterfragt zu werden.

Kultur, lat. cultura, abgeleitet von colere „anbauen", heißt ursprünglich: Anbau, Pflege, Verehrung (der Fruchtbarkeitsgötter). Offenbar wird das Wort in unserer Sprache in recht vielfältigen Zusammenhängen und Verbindungen verwendet. Es ist, wie oben bereits beschrieben, nicht eindeutig und führt häufig genug zu vielen Missverständnissen.

Der Grundgedanke in all den verschiedenen Verwendungsmöglichkeiten des Wortes ist der Gegensatz zu „Natur". Kultur ist das vom Menschen planvoll Geformte, Natur hingegen das wild Gewachsene. Zum Beispiel gibt es Kulturpflanzen im Gegensatz zu wilden Pflanzen. Und es gibt Kulturvölker im Gegensatz zu Naturvölkern, die man auch noch in post-kolonialistischer Zeit noch gern „Wilde" nannte.[4]

Man kann die vielen schillernden Bedeutungsnuancen vielleicht in drei Gruppen zusammenfassen:

1. Der Grundbedeutung des lateinischen Wortes „cultura" kommen die Verwendungen des Kulturbegriffs am nächsten, in denen eine bestimmte Art des Anbaus von Pflanzen bezeichnet wird: Agrikultur, Monokultur usw. Weil aber mit der Einführung der Agrikultur die Menschen z. B. sesshaft geworden sind, begannen, Häuser zu bauen, das Wetter zu beobachten usw., geht diese Bedeutung des Wortes in eine andere über.[5]

[3] Der Begriff meint Denkfiguren, die sich im Laufe der menschlichen, auch beruflichen Sozialisation als Anhäufung von Sinnesreizen und Gedächtnisleistungen zu Konstrukten verfestigt haben (vgl. Glasersfeld, 1969)

[4] Aus heutiger Perspektive eigentlich unglaublich, dass zu meiner gymnasialen Schulzeit, in den 50-er Jahren des letzten Jahrhunderts, unser Geschichtslehrer bei seinem Vortrag über „Unsere Kolonien" völlig ernsthaft und bedenkenlos über „die Wilden" referieren durfte.

[5] vgl. hier auch die gelungene historische Darstellung bei Harari (2015)

2. Man bezeichnete nunmehr mit Kultur die Gesamtheit der geistigen und materiellen Hervorbringungen entweder der Menschheit als ganzer oder einzelner Menschengruppen im Unterschied zueinander. So spricht man von den neolithischen Kulturen, von der abendländischen Kultur usw.... Gehen Gruppen innerhalb der Kultur einer Großgruppe eigene kulturelle Wege, dann spricht man von „Subkultur", ein Begriff, der in der heutigen soziologischen Verwendung einen (ab)wertenden Sinn bekommen hat: etwas, das nicht so hochsteht wie die bürgerliche Kultur.

   Neben den Ethnologen, den Völkerkundlern, verwenden vor allem die Soziologen den Begriff „Kultur" in diesem Sinn. Sie meinen dann die *Gesamtheit aller geistigen und ideellen Traditionen,* Normen und Institutionen, Verhaltensweisen und Strukturen, aber auch der materiellen Hilfsmittel, mit denen eine Gesellschaft, ein politisches System, das Oberhaupt einer sozialen Einheit bei der Verfolgung eines, seines Zieles vorgeht.
3. In unserer Kultur ist etwa im 18. Jahrhundert eine bestimmte Subkultur, nämlich die verfeinerte Kultur des gehobenen, aufstrebenden Bürgertums, zum *gesellschaftlichen Ideal* geworden. Menschen, die in dieser Subkultur lebten, hatten Kultur; Menschen, die in einem anderen subkulturellen Umfeld lebten, etwa Bauern und Arbeiter, hatten keine Kultur. Ihnen gegenüber wurde der Kulturbegriff zu einem Abgrenzungs-, ja mitunter auch Ausgrenzungsmerkmal. Der Bauer, der Industriearbeiter.... für das Bürgertum des 19. und 20. Jahrhunderts waren sie kulturlos. Während der Bourgeois in die Oper ging, seine Kinder Violine und Piano erlernten, war der Arbeiter auf die niedrigen Künste des Handwerks oder die der abstumpfenden, repetitiven Tätigkeit im Industriebetrieb zurückgeworfen.

Erst mit dem sozialen Wandel im beginnenden 20. Jahrhundert, rekurrierend auf die russische Revolution von 1917 (Stichwort: Proletkult), entdeckte die Studentenbewegung, dass auch Industriearbeiter eine Kultur haben, halt eine *proletarische* Kultur. Während Rainer Langhans und Fritz Teufel als kulturelle Exponate einer studentischen *„Subkultur"* stigmatisiert wurden, feierte die Heroisierung des Proletarischen auch in den Sozial- und Geschichtswissenschaften fröhliche Urstände.[6]

Der industrielle Wandel, die Entwicklung zur postmodernen Digitalgesellschaft, hat mittlerweile auch diesen proletarischen Kulturbegriff obsolet erscheinen lassen. Nach wie vor ist jedoch das bürgerliche, an der Hochkultur orientierte Verständnis in der Alltagskommunikation und den Medien dominant. Die Feuilletons der Gazetten zeugen davon, dass man sich allein durch den Gebrauch elaborierter, milieupezifischer Sprache einem recht eindeutigen Begriff von *bürgerlicher Kultur* verpflichtet fühlt. Hinter jeder Kommunikation, ob im Alltag oder in der publizierten Öffentlichkeit, stehen Menschen, Gruppen von Menschen, die eingebettet in unterschiedlichen, sozialen Verhältnissen sich auch über ihre eigene Kultur auszudrücken pflegen.

Damit verbunden hat die Kategorie „Kultur" mittlerweile etwas ausgesprochen Wertendes bekommen. Die Beschäftigung mit den Künsten ist etwas Höheres. Ein Kulturfilm ist ein Film, den anzusehen kein Vergnügen, sondern ernsthafte Beschäftigung mit dem Schönen, Wahren, Guten ist; daher entfällt die Vergnügungssteuer.

Anderes, manches bleibt trotzdem schwer zu erklären. Wer mag zum Beispiel das merkwürdige Wort „Kulturbeutel" erfunden haben (Gemeint ist wahrscheinlich, dass ein Mensch, der Kultur hat, kultiviert und gepflegt ist, immer seine Zahnbürste mit sich herumträgt.) Verdunkelt wird das Bild dadurch, dass ähnliche, bedeutungsverwandte Wörter mit hineinspielen: Kultus und Kult. Unsere Kultusministerien müssten eigentlich Kulturministerien heißen, denn Kultus wird heute nur noch in Verbindung zu religiösen Handlungen verwendet. Dagegen hat das Wort Kultur seinen früheren religiösen Gehalt ganz verloren. Noch im Mittelalter (also zur Zeit der höfischen Kultur) hieß „cultura" nichts anderes als „Gottesverehrung". So mag auch der Begriff „Verwaltungs-Behördenkultur" zunächst einmal Missverständnisse auslösen.

[6] Über die Mythen der Arbeiterbewegung s. Henkel & Taubert (1979)

Über Fische

Warum ist unser Thema so schwer zu fassen? Warum kann man es nicht in klaren, eindeutigen Begriffen beschreiben, verstehen oder sichtbar machen?

Kultur ist ein *heimtückisches Phänomen.* Ihr wohnt etwas so *Selbstverständliches* inne, dass sie von denen, die sie betreiben, im Normalfall gar nicht wahrgenommen wird. Ist uns bewusst, wie wir im Alltag, in diesem komplexen, sozialen Beziehungsgeflecht – ob im Büro oder zuhause – miteinander umgehen? Wer könnte schon von sich behaupten, Umstände, Umgebungsbedingungen und die Verhältnisse, in denen er/sie lebt, jederzeit bewusst reflektieren zu können? Bis auf Ausnahmesituationen, im Krisen- oder Konfliktfall, in dem wir überlegen, was an unserem eigenen oder dem Verhalten anderer kritisch gewesen sein könnte, ist unser Verhalten von *Gewohnheiten und Handlungsroutinen* bestimmt.

In der Selbstverständlichkeit unseres Handels liegt die Tücke des Kulturbegriffs. Sind wir etwa auf einer Urlaubsfahrt im Ausland, dann *verspüren* wir schon kurz hinter der Grenze: Halt, hier ist etwas anders! Gehen wir diesem Gespür gedanklich nach, dann begreifen wir nach und nach, was diese andere Kultur von der unsrigen unterscheidet: die Waren im Supermarkt werden *anders* dargeboten, die Menschen gehen *anders* miteinander um, sind freundlicher, zugewandter in ihrer Kommunikation, die Gardinen vor den Fenstern fehlen, etc.

Unsere Gedanken zum Thema „Amtskultur" müssen uns angesichts solcher Vorüberlegungen schon dahin führen, dass es uns gelingt, sichtbar und verständlich zu machen, was an dieser Subkultur „Amtsleben" so *anders* ist, sie so besonders macht, sie von der allgemeinen gesellschaftlichen Kultur abhebt. Um dies tun zu können, müssen wir einen kleinen Umweg wählen: über die Fische. Der Anthropologe Ralph Linton hilft uns mit einer wunderbaren Analogie.

„Wasser? So etwas gibt es doch gar nicht." Das würden die Fische sagen, wenn sie reden könnten: *„The last thing a fish would ever notice would be water."* (Ralph Linton).[7] Wie kann man etwas sichtbar machen, das so unsichtbar ist wie das Wasser für die Fische?

[7] Linton (1955)

Angenommen, die Fische könnten denken, dann kann man ihnen entweder einen wissenschaftlichen Vortrag über das Wasser halten: über seine Zusammensetzung aus Wasserstoff- und Sauerstoffatomen, über seine drei Aggregatzustände, über seinen Salzgehalt usw. Wie man hört und nebenbei bemerkt, hat nicht einmal der heilige Antonius von Padua bei seinen Versuchen, den Fischen Vorträge zu halten, großen Erfolg gehabt.[8] Oder man kann versuchen, das Wasser dadurch erfahrbar zu machen, dass man es verfremdet, ihm die Selbstverständlichkeit nimmt: etwa indem man es rot färbt, oder indem man Süßwasserfische Salzwasser probieren lässt und umgekehrt, oder indem man vorführt, was in Extremsituationen aus Wasser wird (Eis oder Dampf) und was ohne Wasser passieren würde ... Da Fische vermutlich nicht denken, jedenfalls nicht auf eine Art, die wir verstehen können, würden wahrscheinlich nur wenige Fische sich mit einem solchen Thema beschäftigen wollen bzw. können.

Ein Buch über die Kultur in der Bürokratie soll nicht die Fischpredigt des heiligen Antonius nachahmen, sondern die alles Verwaltungshandeln umgebenden dinglichen und sozialen Phänomene durch Verfremdung, Übertreibung, mitunter auch Provokation und Satire sichtbar machen. Zu diesem Zweck haben wir Dokumente abgebildet (s. z.B. Abb. 1), an denen Verwaltungskultur gezeigt wird, zum großen Teil aus der Zeit von 1947–1960, einer Zeit also, in der die heutigen Institutionen und Formen des Verwaltungshandelns im Prinzip schon ausgebildet waren, die aber doch schon so lange vergangen ist, dass vieles fremd anmutet aber für uns dennoch kenntlich wird.

Dem Leser mag von daher der Gedanke durch den Kopf gehen. „Ja, so war das früher einmal! Heute ist längst alles anders." Dem wollen wir – schmunzelnd – widersprechen. Wir regen an, im historischen Vergleich von Ähnlichkeiten und Unähnlichkeiten einen kritischen Blick auch auf die heutige Kultur des Öffentlichen Verwaltens zu wagen. Unser Anliegen sieht zunächst nichts anderes vor, als an Beispielen zu zeigen, welcher „Geist" in den Amtsstuben herrscht, vielleicht ein wenig zu verdeutlichen, weshalb es gerade dieser Geist ist und nicht ein anderer. Dabei dient die Historisierung dazu, etwas sichtbar zu machen. In der historisch-stilisierenden Übertreibung liegt das Moment des Kenntlichwerdens.

[8] Heiliger Antonius von Padua (o. J.)

Abb. 1: Katalog „Vom Amtsleben" (1984, S.6)

Sachnotwendigkeiten: das Dilemma der Struktur[9]

Wie schon angedeutet, verstehen wir unter „Verwaltungskultur" nicht das Verwaltungshandeln selbst, sondern das *Ensemble der Umstände,* in denen sich Verwaltungshandeln vollzieht, vom Paternoster bis zur Kaffeerunde. Zum Teil werden diese Umstände direkt von den Inhalten des Verwaltens selbst geprägt; zum Teil sind es auch diese Umstände, die die *mentalen Modelle* und das soziale Miteinander der Menschen prägen.

Zum Beispiel ruft das Prinzip der Aktenmäßigkeit bestimmte Formen der Kommunikation hervor (z. B. Runderlasse, die abgezeichnet, mit Paragrafen bestückt, gelegentlich mit Kommentaren versehen werden usw.). Es lässt sich gar nicht vermeiden, dass man der Verwaltungssprache anmerkt, dass „verwalten" bedeutet, Gesetze auf Einzelfälle anzuwenden.

Das strukturelle Dilemma beginnt eigentlich schon bei der Ausbildung der Mitarbeitenden im öffentlichen Dienst, hier, exempli causa: die Kommunal- und Länderverwaltung, gehobene Laufbahn. Ähnliches gilt für die Sozialverwaltung, die Versicherungen und mit einigen Besonderheiten auch für den gehobenen Polizeivollzugsdienst, ausgebildet an landeseigenen Hochschulen, die allerdings eher Berufsakademien als akademisch orientierten Hochschulen gleichen. Zu den zahlreichen kosmetischen Reformen, die der Öffentliche Dienst seit 1950 erfahren hat, gehört die Aufhebung der umgangssprachlich bekannten, hierarchischen Gliederung („einfacher/mittlerer, gehobener und höherer Dienst") in Laufbahngruppe 1 („einfacher/mittlerer Dienst") und Laufbahngruppe 2 („gehobener/höherer Dienst"). Wir benutzen im Folgenden die traditionelle, allgemein bekannte Differenzierung.

Die strukturellen Merkmale der öffentlichen Verwaltung wurden von Max Weber in „Wirtschaft und Gesellschaft" (posthum veröffentlicht 1922) definiert:

[9] Das Wort „Sachzwänge" wollen wir lieber vermeiden, da es Politikern als Ausrede dafür dient, Wahlversprechen nicht zu erfüllen.

- Hierarchieprinzip, incl. Laufbahnverordnung
- Schriftlichkeit und Aktenmäßigkeit der Verwaltung
- Arbeitsteilung und Professionalität
- Trennung von Amt und Person
- Regelgebundenheit
- „Unpersönlichkeit" bzw. Neutralität des Verwaltungshandels

Nach diesen durch Laufbahnverordnung (Höherer, Gehobener, Einfacher Dienst) definierten Strukturmerkmalen aus den Geburtsjahren der Weimarer Republik arbeiten auch heute noch 5,1 Mio. Beamte und Bedienstete im Öffentlichen Dienst Deutschlands (Destatis, 22.06.2022). Beamte werden nach den Grundsätzen des Berufsbeamtentums „alimentiert", d.h. vom Staat unterhalten. Sie werden nicht für Leistung bezahlt.

Die zukünftigen Inspektorinnen bei der Kommunalverwaltung oder auch den Regierungspräsidien werden im Gegensatz zur Normalstudentin, die ihre Ausbildung, ihre Ausbildungskosten selbst finanziert, gut ausgestattet und versorgt. Mit der Einstellung als Beamtin auf Widerruf und sogenannten Anwärterbezügen (zurzeit ca. 1.400 Euro mtl.) wird von vornherein *die* Sicherheit geboten, die ein entscheidendes Bewerbungsmotiv für die Studierenden sind.[10] Wer mit dem 23. Lebensjahr einen solchen Studienplatz innehat, der kennt die Laufbahnverordnung und kann sich an zehn Fingern ausrechnen, wann er/sie bei welcher Besoldungsstufe pensioniert wird. Der unter Beamtinnen gern zitierte Kalauer: „Wenn ich keine silbernen Löffel klaue, dann kann mir nichts mehr passieren!", verweist einerseits auf die privilegierte Stellung im öffentlichen Dienst, dient andererseits auch als Hinweis denjenigen gegenüber, die sich der „freien" Marktwirtschaft und damit potentieller Arbeitslosigkeit zu stellen haben. Ein Privileg als Statussymbol?

Dieses beamtete Studium wird durch Praxisphasen (Stichwort: duales Studium) unterbrochen. Das heißt, der/die Studierende wird als Mitglied des

[10] Da über die Bewerbungsmotive für den öffentlichen Dienst keine uns bekannten wissenschaftlichen Untersuchungen vorliegen, sind wir auf die persönliche Empirie Lehrender an Hochschuleinrichtungen des Öffentlichen Dienstes angewiesen. Hier werden genannt: a) Sicherheit des Arbeitsplatzes, b) Breite der Tätigkeitsfelder, c) duale Ausbildung d) familiale Tradition.

Verwaltungsapparates nicht nur mit den sachlichen, zumeist anwendungsbezogenen rechtlichen Inhalten ihrer Tätigkeit vertraut gemacht, sondern auch mit den kulturellen Formen, Rituale, Ordnungen, die schon vor seinem/ihrem Eintritt geherrscht haben.

Jede Kultur, jedes kulturelle „Subsystem" hat sogenannte *Passagenriten,* die bei geglückter Anpassung den Übergang auf eine neue/andere Stufe begleiten (*„einen ausgeben" bei Beförderung* usw.). Bei diesem Vorgang der tertiären Sozialisation (nach Elternhaus und Schule) lernt der Neuling jenseits von Organigrammen und der formellen Form der Hierarchie den informellen Teil von Subordination und Anpassung kennen.

Dabei gilt es, wie oben angedeutet, zu unterscheiden zwischen der offiziellen Hierarchie gemäß Laufbahn und Geschäftsverteilungsplan und einem informellen System der Seniorität. Junge, *leitende Beamte* (Höherer Dienst) stoßen oft auf den erbitterten Widerstand altgedienter Mitarbeiter *(„Platzhirsche"),* die formal zwar unter ihnen stehen, aber ihre Versuche, etwas im Apparat zu ändern, häufig resigniert aufgeben müssen. *„Die wird sich schon die Hörner abstoßen".* Die Erscheinungsformen der Verwaltungskultur werden daher nicht unbedingt von denen bestimmt, die offiziell das Sagen haben, sondern auch von denen, die schon länger da sind. Denn sie verfügen über die auf Tradition beruhenden Kenntnisse der Prozesse, die die Handlungsroutinen der Mitarbeitenden bestimmen und damit das System erst funktionsfähig machen bzw. erhalten.[11]

Wir wollen dieses Phänomen als kulturelle Positionsmacht bezeichnen, deren Garant die Tradition ist. Das sprachliche Repertoire dieses organisationalen Syndroms ist schier unerschöpflich: *„Das haben wir schon immer so gemacht"* oder „Dem jungen Spund müssen erstmal die Flausen ausgetrieben werden" und *„Da könnte ja jeder kommen und einfach etwas Bewährtes ändern"*...

Leicht humoristische Züge erhält dieses Phänomen allerdings dann, wenn der Sachbezug der Arbeitssphäre verlassen wird und die gleiche traditionelle Form auf eine andere gesellschaftliche Sphäre übertragen wird. Zur Triviali-

[11] Vgl. Kühl (2020)

sierung solcher Traditionsformen gehört es dann, dass es einfach üblich ist, aus dem Urlaub in Neuschwanstein, am Nil oder auf Hawaii eine möglichst bunte Postkarte zu schicken, die dann sichtbar am Aktenschrank oder sonst wo angeklebt wird, und wehe dem, der diese Tradition bricht! Die Funktion solcher kulturellen Phänomene gleicht den Erscheinungen, die uns aus Industriebetrieben, vorwiegend bei gewerblichen Mitarbeitern, bekannt sind: Ein kurzer Blick auf das frauenfeindliche Pin-up oder die Urlaubskarte mobilisiert männliche Fantasien, die den repetitiven, stumpfen Arbeitsalltag zu überbrücken helfen.

Der Autor erinnert sich gern, weil es stets seine Laune hebt, eines „Vorgangs" bei der Stadtverwaltung Dortmund, dem Haus der Bibliotheken. Die Morgenpost wurde in dieser Behörde mit einer Aktenmappe herumgereicht, die durchzusehen, Verpflichtung eines jeden Mitarbeitenden war. Auf einem für den Transport dieser Mappe vorgesehen Wagen fuhr eine Mitarbeiterin von Zimmer zu Zimmer und sorgte dafür, dass die Post auch ankam. Den Inhalt, einzelne Dokumente, musste der jeweilige Mitarbeiter durch Paraphe abzeichnen; jede Hierarchiestufe verfügte über einen anders farbigen Stift, sodass vom Hausmeister bis zum Behördenleiter zu erkennen war, ob alle – von grün bis rot –, die diese Dokumente lesen sollten, diese auch mindestens zur Kenntnis bekommen hatten. Dem gleichen Procedere wurden, ganz selbstverständlich, auch die Urlaubsansichtskarten unterzogen. Man konnte sehen, wo die Kolleginnen Urlaub machten und – wehe – man vergaß, die Karte mit dem jeweiligen Stift abzuzeichnen, dann kam sie, durch den Vorgesetzen kontrolliert, so lange zurück, bis auch diese letzte Paraphe auf der Urlaubskarte zu sehen war.

Sind dies amüsante, aber untaugliche Beispiele für kulturelle Eigenarten, die eher in die historische Mottenkiste der Verwaltung gehören? Wir meinen: nicht ganz.

Auch wenn die oben gewählte Beispiele einer anderen kulturellen Dekade entlehnt sind – technische Innovationen, vor allen Dingen die (unzureichende) Digitalisierung der Öffentlichen Verwaltung haben einiges, zum

Teil nicht Unerhebliches verändert[12] – vor dem Hintergrund einer hundert Jahre alten Struktur treibt die Kultur der Behörden nach wie vor die seltsamsten Blüten. Darüber wird noch genauer zu berichten sein.

Bürokratie ist kein von der übrigen Gesellschaft losgelöstes, in sich ruhendes System, sondern jeder dieser Aspekte, ebenso wie die gesamte „Verwaltungskultur", ist Einflüssen von außen ausgesetzt. Sie ist eben eine Subkultur innerhalb der allgemeinen gesellschaftlichen Kultur. Für das Besondere gilt, dass es nur dadurch existieren kann, dass es, wenn auch in abgewandelter Form, im Allgemeinen vorkommt. Es geht in den Büros zwar nicht *ganz anders* zu als in der übrigen Gesellschaft, aber eben doch ein *wenig anders.*

Einiges von dem, was wir beschreiben, gilt auch für andere Organisationsformen, etwa Unternehmen; Einflüsse von außen wirken auf diese ein und verändern sie, ihrem Traditionalismus zum Trotz. Über diese Dialektik von Tradition und Veränderung im Bereich Öffentlicher Verwaltung nachzudenken, darüber gibt es jeden Tag erneut genug Anlässe.

Auch wenn die Behördenpost nicht mehr per Aktenwagen durch die Gänge geschoben wird, auch wenn die Paraphen auf den Dokumenten nicht mehr durch Buntstifte ausgeführt werden, ist die qua E-Mail ritualisierte „cc Setzung", sowie das gezielt eingeforderte „Gelesen" wirklich etwas völlig anderes?

So werden auch die erworbenen geschlechtsrollentypischen Verhaltensweisen in die Büros mitgenommen und zeigen sich dort in spezifischer Ausformung. Auch wenn die politischen „Aushänge" etwas anderes suggerieren, in privater wie öffentlicher Verwaltung sind Frauen eher in einer dienenden Funktion tätig.

> „37 Prozent der mit Vorgesetzten- und Leitungsaufgaben Beschäftigten in den obersten Bundesbehörden waren 2020 weiblich. Im Vergleich zum Vorjahr stieg somit der Frauenanteil an allen Leitungsfunktionen um einen Prozentpunkt (2015: 33 Prozent, 2016: 34 Prozent, 2017: 35 Prozent, 2018: 34 Prozent, 2019: 36 Prozent). Je höher die Hierarchieebene

[12] Lt. Onlinezugangsgesetz (OZG) vom August 2017 sollten 575 Verwaltungsdienstleistungen bis zum 31.Dezember 2022 digitalisiert sein. Zurzeit sind 81 sog. OZG-Leistungen digitalisiert, Stand 2022 (Herrmann, 2022)

> (von der Referatsleitungs- über die Unterabteilungsleitungs- hin zur Abteilungsleitungsebene [...]), desto geringer ist der Frauenanteil an Führungspositionen. Ein deutlicher Anstieg ist aber auf der Ebene der Staatssekretärinnen und Staatssekretäre zu verzeichnen." – Stichwort: Politisches Schaufenster – „Der Anteil an Frauen dort erreichte eine gesteigerte Anzahl von 25 Prozent." (Statistisches Bundesamt, 2021, S.22)

Wenn wir von „Aushängen“ schreiben, dann meinen wir die Repräsentation von Frauen in der Öffentlichkeit, im Besonderen in der politischen Öffentlichkeit. Die auf dieser gesellschaftlichen Bühne präsentierte sogenannte „Quote“, „Gleichstellung“ oder auch „geschlechtliche Parität“ suggeriert einen Sachverhalt, der durch alle übrigen Bereiche des sozialen Lebens in Deutschland in keiner Weise abgedeckt ist. Die Politik konstruiert ein „Schaufenster“ und bedient damit ein Publikum – die potentiellen Wähler –, dass keine Chance hat, in den dahinter liegenden Laden zu schauen.

Auch eine Sonderform des männlichen Rollenverhaltens, der Flirt des Vorgesetzten mit seiner „Mitarbeiterin“ hält sich hartnäckig, ebenso wie die Tatsache, dass oft der Nagellack neben der Bildergalerie von Kindern und Enkelkindern steht, ein Indiz für weibliches Rollenverhalten sein kann

Das bürokratische Ich

Viele der hier dokumentierten Schriftstücke reizen zum Lachen, wirken komisch. Durch die getroffene Auswahl soll nicht etwa Bürokratie lächerlich gemacht, öffentliche Verwaltung dem Gespött preisgegeben werden. Komik entsteht unter anderem immer dann, wenn zwei in unserem Bewusstsein streng voneinander getrennte Sphären aneinandergeraten, kurzschlüssig miteinander verbunden werden. Im vorliegenden Fall ist es der Zusammenstoß zwischen dem bürokratischen, gefühlslosen, sachbezogenen Verwaltungshandeln einerseits und der Persönlichkeit der Menschen, die diese Verwaltung betreibt, andererseits (s. Abb. 2). Unser Lachen verweist daher auf ein theoretisches Problem: das der Legitimation bürokratischer Herrschaft.

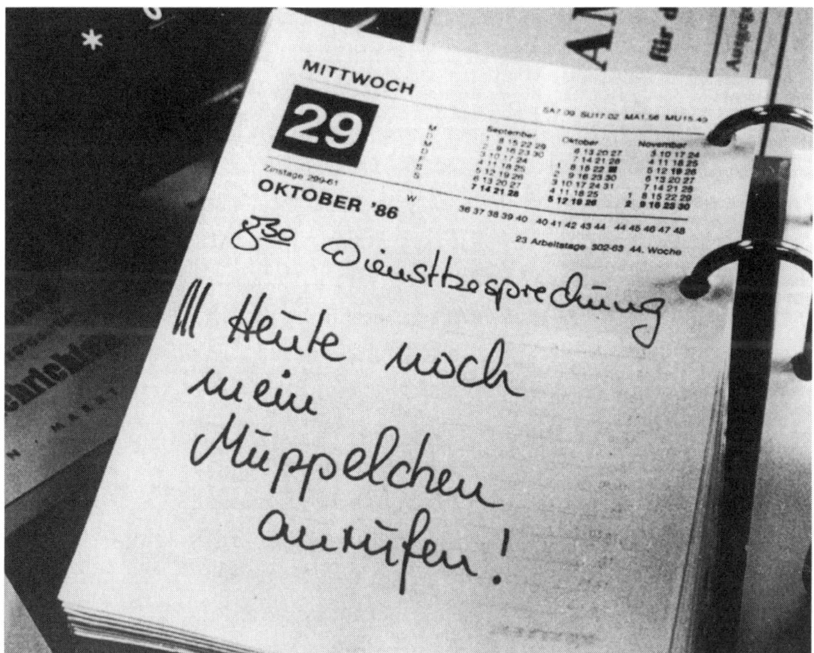

Abb. 2: Katalog „Vom Amtsleben" (1984, S.24)

Das Wort „Bürokratie“, das aus einem französischen und einem griechischen Wortteil besteht, ist im 18. Jahrhundert in Frankreich entstanden und bedeutet eigentlich: *Herrschaft der Schreibtische.* Den ursprünglichen karikierenden Sinn hat dieses Wort nie verloren. Wir möchten es allerdings in dem Sinne verstanden wissen, den der deutsche Sozialphilosoph Max Weber (1980) ihm beigelegt hat. Bei ihm bedeutet „Bürokratische Herrschaft“ politisches Handeln, das nicht auf persönlicher Abhängigkeit und Beziehungen zwischen Menschen beruht („patriarchale Herrschaft“), sondern auf abstrakter Legalität und sachlicher Legitimation allein. (Was nebenbei bemerkt für die Zeit, in der Weber diese intelligenten Dinge zu Papier gebracht hat, durchaus als „fortschrittlich“ – im Sinne einer Demokratisierung der Gesellschaft – bezeichnet werden kann.)

An dieser Stelle soll noch nichts darüber gesagt werden, inwieweit Webers *Theorie den Realitäten* gerecht wird (hierzu später). Aber, Max Webers Legalitätsbegriff muss bei seiner Erwähnung schon an dieser Stelle kritisiert werden. Denn die Gesetze, auf denen abstrakte Legalität beruht, sind ja nicht ein für alle Mal gefundene *richtige* Lösungen eines Problems, sondern zu Gesetzen geronnene Konfliktlösungen, die bestenfalls einen Kompromiss zwischen widerstreitenden Interessen festschreiben. In der historischen Dimension erhält somit Legalität stets andere Inhalte. *Bürokratische Herrschaft ist definitionsgemäß Herrschaft.* Wo Herrschaft ausgeübt wird, gibt es auch Beherrschte.

Viele Verwaltungswissenschaftler trennen zwischen dem Leistungs- und dem Herrschaftsaspekt von Verwaltung. Für die theoretische Untersuchung mag das eine nützliche Unterscheidung sein, in der Praxis aber wird Leistung nur gegen die Anerkennung von Herrschaft gewährt. Wer einen Antrag stellt, unterwirft sich den vorgeschriebenen Regeln. Max Weber hat richtig gesehen, dass sich moderne Verwaltungen bemühen, nur nach Gesichtspunkten der Legalität und sachlichen Notwendigkeiten zu handeln.

Trotz aller Bemühungen, Prozesse der Verwaltung zu digitalisieren, ist es bisher noch nicht gelungen, Verwaltungen hochprozentig automatisch online durchführen zu lassen. *Es sind immer noch Menschen, die das ausführen, was man Verwaltung nennt.* Gerade dieser Gesichtspunkt, dass eben Menschen verwalten, widerspricht dem ursprünglichen Prinzip bürokratischer Verwaltung.

Oder darf man vermuten, dass Weber ein Utopist, ein Mensch mit visionären, ganz fortschrittlichen Vorstellungen war? Hatte er bereits in den 20er Jahren des letzten Jahrhunderts vorausgesehen, was Sozialwissenschaftlern heute als nicht unwahrscheinlich erscheint: KI (künstliche Intelligenz) ersetzt den Menschen, es sind Algorithmen, die die Verwaltung übernehmen? Der politische Wille, das Volk als Souverän, als Ursprung und Kern des Demokratiemodells, gibt nur noch maschinell ein, was exekutiert werden muss? Für Zweifelsfälle oder Fälle, die von Seiten der Software nicht abbildbare soziale Sachverhalte zu erfassen nicht in der Lage sind, gibt es einige wenige hochqualifizierte Beamte, die als Schnittstelle zwischen Politik und Exekutive anzusehen sind?

Es kommt Webers Theorie entgegen, dass es für die Umsetzung politischer Vorgaben, für die Durchführung eines Verwaltungsaktes jeweils nur die eine, die richtige Lösung gibt. So wird der Algorithmus programmiert, so entspricht es dem grundgesetzlich garantierten Gleichbehandlungsgrundsatz.

So verführerisch oder auch beängstigend solche Gedankengänge auch sein mögen, es ist längst nicht so weit. Noch gibt es Beamte oder Beschäftigte: 5,4 Millionen Menschen im Öffentlichen Dienst in Deutschland, die den Verwaltungsapparat funktionsfähig erhalten und selbst wie ein *Rädchen in einem Getriebe* funktionieren sollen und dabei zu vergessen haben, dass sie auch eine Individualität besitzen. Die haben sie zurückzustellen bzw. weitgehend aufzugeben. Das bürokratische Ideal des mitarbeitenden Menschen ist die *formale Unpersönlichkeit.* Bürokratische Verwaltung in diesem Sinne ist also eigentlich ein Widerspruch in sich selbst.

Das schreibt zum Beispiel Ministerpräsident Dr. Amelunxen am 4. März 1947 (s. ausführlich Abb. 3):

„Es ist ... nicht zu vermeiden, dass Tag um Tag zahllose Entscheidungen ablehnenden Inhalts ergehen müssen, die mit großen Härten für die Beteiligten verbunden sind. Diese Härten lassen sich mildern, wenn aus der Fassung der ablehnenden Schreiben hervorgeht, dass der Beamte persönlich ein menschliches Interesse und Verständnis für die Lage des Empfängers hat und es bedauert, dass keine günstige Entscheidung gewählt werden konnte. Kleine Zusätze wie ‚leider' oder ‚ich bedaure' werden wohltuend empfunden."

Der Ministerpräsident
des Landes Nordrhein-Westfalen
In - Dr.V./Sch. -

Düsseldorf, den 4. März 1947

An Großverteiler.

Betrifft: Umgangsformen im amtlichen Verkehr.

Der Übergang zum Volksstaat muß sich auch in der Art und Weise ausprägen, in der der schriftliche und mündliche Verkehr der Behörden mit der Bevölkerung sich vollzieht. Es ist in der gegenwärtigen Situation der begrenzten Möglichkeiten, zu helfen, nicht zu vermeiden, daß Tag um Tag zahllose Entscheidungen ablehnenden Inhalts ergehen müssen, die mit großen Härten für die Beteiligten verbunden sind. Diese Härten lassen sich mildern, wenn aus der Fassung der ablehnenden Schreiben hervorgeht, daß der Beamte persönlich ein menschliches Interesse und Verständnis für die Lage des Empfängers hat und es bedauert, daß keine günstigere Entscheidung gewählt werden konnte. Kleine Zusätze wie "leider" oder "ich bedaure" werden wohltuend empfunden.

Umgekehrt ist häufig noch in amtlichen Schreiben der Gebrauch von Wendungen wie "Ich ersuche Sie", "Sie werden aufgefordert", "Sie wollen" usw. festzustellen. Solche durchaus unnötigen Bemerkungen werden mit Recht als unfreundlich angesehen und tragen nicht dazu bei, den Beamtenstand volkstümlich werden zu lassen. Statt dieser Bemerkungen sollte man etwa sagen: "Sie werden gebeten", Ich bitte" usw.

Auch im persönlichen Umgang mit dem Publikum mag der Beamte bedenken, daß er für den Staatsbürger, nicht der Staatsbürger für ihn da ist. Leider ist bei vielen Beamten noch die Einstellung vorhanden, daß sie im wesentlichen nur zu befehlen hätten und die Bevölkerung nur zu gehorchen habe. Der alte Kasernenhofton und Kommißgeist sind noch weitgehend verbreitet. Soll das Beamtentum vom Vertrauen und der Wertschätzung des Volkes, auf die es heute mehr denn je angewiesen ist, getragen werden, so ist es notwendig, daß besonders im persönlichen Umgang Höflichkeit und Zuvorkommenheit in jeder Hinsicht die Regel bilden. Damit wird das Beamtentum nicht nur der Bevölkerung, sondern vor allem sich selbst auf die Dauer den besten Dienst erweisen.

gez. Dr. Amelunxen

Der Regierungspräsident
I P 020

Regierungshauptkasse
Köln
Eingeg.: 27. MRZ 194

Köln, den 22. März 1947

An
a) die nachgeordneten Behörden des Bezirks,
b) die Geschäftskreise im Hause.

Abschrift übersende ich zur Kenntnis und Beachtung.

Den Erlaß bitte ich allen Behördenbedieneteten zur Kenntnis zu geben.

In Vertretung:
gez. Schwidden

Beglaubigt:
Reg. Angestellter

Abb. 3: Katalog „Vom Amtsleben" (1984, S.23)

Es wird zu überlegen bleiben, inwieweit solche frühen Bemühungen um „bürgernahe Formulierungen" mehr als nur semantische Kosmetik sind. So viel kann jedoch jetzt schon festgestellt werden: Nachhaltig fruchtbar scheint die Initiative des Regierungspräsidenten nicht gewesen zu sein. In einem Panel von 2021, also mehr als 70 Jahre später, wird die Verständlichkeit behördlicher Dokumente, die wenig begreifliche Sprache, als auffallender und deutlicher Kritikpunkt hervorgehoben.

Im Jahre 1947 jedenfalls stellen solche aus politischer Opportunität erwachsenen Forderungen die Beschäftigten, die in ihre Tätigkeit doch jedes menschliche Bedauern und Mitleidgefühl ausschalten sollen, vor unlösbare Probleme. Der Regierungspräsident ist eine Person. Zugleich ist „Der Regierungspräsident" aber auch eine Behörde mit mehreren hundert Beamten und Beschäftigten. Unter bestimmten Bedingungen können einige der Mitarbeiter des Regierungspräsidenten „ich" schreiben, wenn sie im Namen des Regierungspräsidenten schreiben. Dieses stellvertretende „ich", diese fiktive Individualität der Behörde bezieht sogar frühere Regierungspräsidenten mit ein. So kann z. B. ein junger Sachbearbeiter schreiben: *„Gemäß meiner Verfügung vom 31.05.1950"*, obwohl er damals noch gar nicht gelebt hat.

So geraten dem öffentlich Bediensteten seine beiden Rollen als Mensch und Bürokrat ständig durcheinander. Nun mag der sozialwissenschaftlich vorgebildete Leser in Anlehnung an Ralf Dahrendorfs „Homo sociologicus" denken, diese Art von Rollenkonflikt gibt es auch in anderen Berufen, oder? Ja, die sozialen Verhältnisse sind sich ähnlich, aber sie unterscheiden sich dennoch: Die berufliche Rolle des Beamten ist, anders als die der Mitarbeitenden in Unternehmen, eng eingebunden in ein rechtliches Regelwerk. Jede Tätigkeit, jede Fallbearbeitung hat dem engen Korsett juristischer Prüfung standzuhalten: Bescheide, Auskünfte etc. können vom Bürger beanstandet werden, sind einklagbar. Das bürokratische Korsett ist eng und lebensfremd. Aber es entspricht dem Demokratiemodell, das der Rollenzuweisung an die Exekutive entspricht.

Da wird karnevalistisches Treiben in der Regierungshauptkasse bürokratisch angeordnet, was wir im „Frohsinn per Runderlass" noch genauer be-

[13] Kühnhenrich (2021)

trachten wollen. Wird im Flur ein Geldschein gefunden, dann vergisst der pflichtgetreue Beamte nicht, den Paragrafen anzugeben, in dem die Abgabe von gefundenen Gegenständen geregelt wird. Auch menschliche Bedürfnisse werden bürokratisch geregelt: *„Zwecks Feststellung, welcher Bedarf in unserem Hause vorhanden ist, bitte ich, mir dezernatsweise bald gefl. mitzuteilen, wie viele Flaschen im Dezernat täglich benötigt werden."* (Katalog „Vom Amtsleben, 1984, S. 22). Andererseits werden häufig bürokratische Anordnungen im Stile von Bekenntnisliteratur abgefasst; dies gilt nur im internen Behördenverkehr:

„Sie wissen, wie großen Wert ich auf einen pünktlichen Beginn der Dienstzeit in meiner Behörde lege. Sie wissen ferner, dass ich seit nahezu 5 Jahren auf diesem Gebiete mit einem guten Beispiel vorangehe. Daher würden Sie mir eine besondere weihnachtliche Freude bereiten, wenn Sie auch Ihrerseits Ihrem Personal mit dem gleichen Beispiel vorangingen und mir ersparen würden, zu Beginn des neuen Jahres eine entsprechende Dienstanweisung zu erlassen. Ich weiß, dass eine ganze Reihe von Ihnen in Erkenntnis der Notwendigkeiten dieser Zeiten meinem Beispiel gefolgt ist. Ich weiß aber auch, dass nicht alle so handeln. Und an diese letzteren wende ich mich." (Katalog „Vom Amtsleben" , 1984, S.22; s. auch Abb. 4 und Abb. 5)

Dieser Herzenswunsch, der sich einer gequälten Regierungspräsidenten-Psyche entringt, ist eigentlich eine bürokratische Selbstverständlichkeit. Nur selten wird die unfreiwillige Komik, die aus dem Widerstreit zwischen Menschen und Bürokrat entspringt, derart deutlich. Bürokratie im Sinne Max Webers – Verwaltungshandeln aufgrund abstrakter Legalität – funktioniert nur dann, wenn der Mensch im Bürokraten so weit wie möglich zurückgenommen wird. Wo das nicht gelingt, gerät Sand ins Getriebe, entstehen Reibereien, oder das Gesetz wird lächerlich. Andererseits bedeutet bürokratisches Verwaltungshandeln auch, dass die Abstraktion von allem Menschlichen auch auf die Objekte des Verwaltungshandeins Anwendung finden muss, (um es einmal bürokratisch auszudrücken). Was öffentlich verwaltet wird, sind in aller Regel Beziehungen zwischen Menschen, Bedürfnisse und Interessen von Menschen. Sie dürfen aber auf den Ämtern nur als „Sachen", als „Vorgänge", wahrgenommen werden. Zum Sozialamt, zum Jugendamt, zum Arbeitsamt, zum Finanzamt kommen traurige, besorgte, arme, pro-

Regierungshauptkasse Köln Eing. 16. DEZ. 1954

Der Regierungspräsident
- I P 162/0211 -

Köln, den 13. Dezember 1954

An
die Herren Abteilungsleiter und Dezernenten

im Hause

Im Anschluß an meine heutigen Ausführungen in der Dezernentenkonferenz über die Beschränkung der Dienstreisen auf das unbedingt notwendige Maß mache ich noch einmal besonders darauf aufmerksam, daß der Samstag von Dienstreisen freizuhalten ist, damit die Fahrer ihre Wagen in Ordnung bringen können. Außerdem habe ich dann auch persönlich die Gewähr dafür, daß ich samstags die Herren Abteilungsleiter und Dezernenten zu persönlichen Rücksprachen auf Anruf stets erreichen kann.

Bei dieser Gelegenheit möchte ich auch die Aufmerksamkeit auf die Tatsache lenken, daß an den Samstagen, genau wie an allen übrigen Tagen, jedes vorzeitige Verlassen des Dienstgebäudes unterbunden werden muß. Über die dringende Notwendigkeit der Innehaltung der Pünktlichkeit bei Dienstbeginn und in der Mittagspause brauche ich wohl meinen heutigen Ausführungen nichts mehr hinzuzufügen.

gez. Dr. Warsch

Beglaubigt:
Reg. Angest.

Herrn Regierungsoberamtmann Bechem

Abb. 4: Katalog „Vom Amtsleben" (1984, S.55)

Der Regierungspräsident
I P 0211

Köln, den 1. Dez. 1951.

Köln
Eing. - 5 DEZ. 1951

An
alle Geschäftskreise K.H.K
im Hause

Betr.: Mittagspause.

Nachdem ich bereits in der Vergangenheit wiederholt meiner Sorge darüber Ausdruck verleihen mußte, daß es immer wieder Angehörige der Regierung gibt, welche die halbstündige Mittagspause mißbrauchen, und nachdem ich erneut wieder feststellen mußte, daß meine Warnungen und Mahnungen bei einer Reihe von Leuten unbeachtet geblieben sind, habe ich mich nunmehr endgültig entschlossen, die Mittagspause mit Wirkung ab 2. Januar 1952 in Wegfall zu bringen und dafür den Dienst eine halbe Stunde früher beenden zu lassen. Ich sehe mich zu dieser Maßnahme veranlaßt, da ich nicht mehr die Gewähr dafür habe, daß ich mit Mahnungen diejenigen Leute, die es angeht, im Interesse der Gesamtbelegschaft zu einer korrekten Innehaltung der Mittagspause habe bewegen können.

Diejenigen Angehörigen der Regierung, die zur Zeit in der Mittagspause in korrekter Weise ihr Essen in der Nachbarschaft eingenommen haben, bitte ich, sich auf die neue Regelung rechtzeitig umzustellen. Ihretwegen habe ich den Beginn der neuen Regelung bis zum 2. Januar 1952 hinausgeschoben.

gez. Dr. Warsch

Beglaubigt:
Reg.Angest.

Abb. 5: Katalog „Vom Amtsleben" (1984, S.54)

blembeladene, machtlüsterne, geldgierige, liebende oder hassende Menschen. Für die Verwaltung sind sie aber nur „Fälle“, und der sie verwaltende Beamte muss sie eben nur als „Fälle“ ansehen (s. Abb. 6).

Abb. 6: Katalog „Vom Amtsleben" (1984, S.10)

Anfangs fiel ihm das vielleicht schwer, aber nach einiger Zeit geht es wie von selbst, und wenn der Klient sein trauriges oder spannendes Schicksal erzählt, fallen dem Sachverwalter des Rechts nur die Paragraphennummern ein, unter welche dieses Einzelschicksal fällt. Da spricht einer von seinem Bedürfnis, aber der Beamte fragt nur nach dem (Handlungs-) Bedarf. Da sagt einer: *„Ich brauche unbedingt…“,* und sein Gegenüber fragt: *„Erfüllen Sie denn die Voraussetzungen?“* In diesen Satzfetzen liegt nicht nur der Kern bürokratischen Handeln, es ist auch die Grundlage des mentalen Modells des Beamten. Darauf ist seine berufliche Sozialisation ausgerichtet: *die Aufhebung des persönlichen Ich in das bürokratische Ich und die Verwaltung des persönlichen Du in den „Fall“.*

Die Reaktion des Bürgers ist bekannt: in vielen Fällen hat er das Gefühl, von der Behörde nicht verstanden, nicht mit genügender Aufmerksamkeit behandelt worden zu sein. Da die Beamten sich nicht einfühlsam genug mit seinem Problem befasst haben, wird er ärgerlich und denkt: Die tun den ganzen Tag nichts als Kaffeetrinken.Aber auch die Angehörigen der Bürokratie müssen den Konflikt zwischen konkreter individueller Menschlichkeit und abstrakter Legalität, zwischen Person und Bürokratie irgendwie verarbeiten. Ein spannender Aspekt, der uns sowohl in die Tiefen „brauchbarer Illegalität“[14] als auch in die Höhen politischer-parlamentarischer Kultur führt.[15]

[14] Kühl (2020)
[15] von Arnim (2017)

Eskapismus

Innere Kündigung

Auf der Ebene der individualpsychologischen Bewältigungsstrategien gibt es *unzählige* Möglichkeiten der Verarbeitung und der Kompensation. Diese fallen besonders dann auf, wenn der Beamtin eine Beförderung oder eine in Aussicht gestellt Prämie versagt wurde – wenn sie in eine veritable „Gratifikationskrise“[16] gerät und im Sinne der Laufbahnverordnung am Ende ihrer „Besoldungs“-Karriere angekommen ist. Dann wird übertrieben, dann wird kenntlich, dass es überhaupt keinen Grund mehr gibt, irgendeine Form von Engagement, Verpflichtung oder bürgernahe Dienstbarkeit zu zeigen. Nur das Nötigste wird erledigt.

Wer jetzt aber meint, die Laufbahnverordnung als tragendes Element des deutschen Berufsbeamtentums in ein kritisches Licht rücken zu dürfen, der sollte, um diesen Pfefferkuchenausdruck zu gebrauchen, nicht den *positiven* Aspekt übersehen: In der behördlichen Organisation übernimmt die Laufbahnverordnung die wesentliche Reproduktionsfunktion „sui generis“; d.h. sie gewährleistet, dass sich vor allen Dingen in Führungspositionen die Organisation aus sich selbst heraus „erneuert“ und quasi naturwüchsig nachwächst. Es drängt sich die Analogie zum biologischen Prozess der Zellteilung auf, nachdem sich die genetische Erbinformation dupliziert hat. Nur – diese Art der Zellteilung bedeutet keine Verjüngung der Organisation, sondern das Gegenteil: Derzeit sind die meisten deutschen Behörden überaltert und weisen unter personalpolitischen, planerischen Gesichtspunkten auf geradezu desaströse Zustände hin.

Unter dem Aspekt der kulturellen Entwicklung gewinnt eine weitere Funktion an Bedeutung: Wenn, ganz im Sinne der Laufbahnverordnung und

[16] Zum Begriff und zur Bedeutung vgl. Siegrist (2015). Das Bemühen der öffentlichen Verwaltung über eine sachgerechte Personalbeurteilung Mitarbeiter zu befördern, scheitert regelmäßig am gesetzlichen Anspruch, nach „Eignung, fachliche Leistung und Befähigung“ objektiv zu beurteilen. Hekatomben von Mitarbeiterinnen fühlen sich benachteiligt und wandern in die innere Emigration (Henkel &Taubert 1992)

der Nachfolgeregelung, die Frau aus der zweiten Reihe den Herrn aus der ersten Reihe ersetzt, dann ist stabilisierende Kontinuität gewährleistet, dann wird es in der Regel keinen Grund geben, einer verlorengegangenen Kultur hinterher zu jammern.

„Innere Kündigung“ ist das soziale Phänomen, das im Öffentlichen Dienst weit verbreitet ist. Manchmal wird es auffällig, nach außen hin kenntlich, wenn Suff oder gar andere Drogen im Spiel sind. Zumeist aber bleibt dieses Phänomen subkutan: Verdrücken, sich „verpissen“ wie es im Ruhrgebiet so schön und vulgär ausgedrückt heißt, ist eine weit verbreitete Sozialtechnik.

Wenn die Betreiber von Fitness-Studios die berufliche Provenienz ihrer Kundschaft erheben, dann stoßen sie zu ihrer großen Befriedigung auf die Überrepräsentanz des Öffentlichen Dienstes. Die Freuden des „Home-Office“ machen es möglich, dass dieses gesundheitliche Engagement auch zu Tageszeiten stattfindet, in denen der Bürger gerne Beratungen, Genehmigungen, Auskünfte erwartet. Post-Corona: Es werden zurzeit in den Behörden sogenannte „hybride Betriebsvereinbarungen“ getroffen. Ein Beispiel: vier Tage „Home-Office“, ein Tag Präsenz. Cui Bono?

Wie kommt es zu einem solchen Defizit an Engagement und Motivation, häufig zu mangelnder Identifikation mit der Arbeit? Gern zitieren wir den motivationstheoretisch interessanten Satz, der darauf verweist, dass die Beamten nicht faul seien, sondern – angesichts existierender Strukturen – lediglich keinen Grund sähen, ihren Fleiß zu zeigen.

Es mag einen besonderen Grund haben, dass das Thema „Innere Kündigung“ als Untersuchungsgegenstand sozialwissenschaftlichen Bemühens eher stiefmütterlich behandelt wird. Der Deutsche Beamtenbund jedenfalls hat noch keine derartige Untersuchung in Auftrag gegeben. Ein Schelm, wer Böses denkt?

Nebentätigkeiten

Wer etwas über die Kultur der Öffentlichen Verwaltung schreibt, der kommt nicht umhin, einen Blick auf die allgemeine politische Kultur unseres seit 1989 wiedervereinten Landes zu werfen. Denn auch und gerade zu diesem

Zeitpunkt waren Nebentätigkeiten ein beliebter Ort großen, beamteten Engagements, der Flucht vor behördlicher Wirklichkeit, des Eskapismus.

Hat(te) man eine Genehmigung durch den Dienstherrn erhalten, dann durfte man neben seinem Grundgehalt auch dazuverdienen, zum Beispiel in der Fortbildung von Beamten, im eigenen Hause oder in den Neuen Bundesländern. Zu Zeiten der Wende 1989 und bis in die 2000er Jahre hinein waren ganze Flure von westlichen Kommunalverwaltungen und Landesbehörden leergefegt, weil es darum ging, dass Beamte die (angehenden) Beamten in den neuen Bundesländern fortzubilden hatten. Was der Öffentlichkeit freilich verborgen blieb, ist die Tatsache, dass der Beamte, sofern er nicht abgeordnet war, diese Tätigkeit neben seinem Grundgehalt zusätzlich bezahlt bekommen hat. Ein zweites Gehalt, sozusagen. Alles legal!

Die Nebentätigkeiten, ihre Anzeige- oder Genehmigungspflichtigkeit sind mit ihren komplizierten juristischen Auslegungen und Interpretationen ein weites Feld für Juristen, die sich im Beamtenrecht auskennen.

Aber, was „oben“ vorgelebt wird, wird „unten“ sehr wohl verstanden. Wir müssen an dieser Stelle über einen Zusammenhang sprechen, der uns aus ganz unterschiedlichen Perspektiven nachdenklich zu stimmen hat. Ein Gedankengang, der uns einerseits als historische Deformation des Modells von Demokratie erscheint, andererseits auf unser Thema, der Kultur im Öffentlichen Dienst, ein ganz besonderes Licht wirft: die soziale, die politische und kulturelle Nähe zwischen der Legislative und der Exekutive.

Der zur Exekutive gehörige Beamte in Kommunen, Länder- und Bundesbehörden, der („unten“) über das Recht an die Politik der Legislative gebunden ist, beobachtet sehr genau, was („oben“) möglich ist. Kann man in diesem Zusammenhang von einem gesellschaftlichen Imitationseffekt reden oder ist es gar die strukturelle Nähe zwischen den Gewalten, die dem Phänomen „Nebentätigkeiten“ seinen besonderen „Gout“ (oder „Geschmäckle“, wie man im süddeutschen Sprachraum sagt) verleihen?

Wenn die höchsten Repräsentanten der Demokratie, die Parlamentarier des Deutschen Bundestages, der sich zu 28 %[17] aus Bediensteten der Öffent-

[17] Mit 28 % sind Beamte und Beschäftigte im Öffentlichen Dienst als Mitglieder des Deutschen Bundestages gegenüber der Gesamtbevölkerung Deutschlands sowie anderen Berufsgruppen und Branchen deutlich überrepräsentiert.

lichen Verwaltung rekrutiert, etliche „juristische Verrenkungen“ machen, um ihre Privilegien zum Thema „Nebentätigkeiten“ zu wahren, dann weiß der kleine Beamte in der Kommune oder beim Regierungspräsidenten, wo die „kulturellen Glocken“ in dieser Republik hängen.

Der junge CDU-Abgeordnete Philip Amthor beispielsweise hatte das System früh erkannt: Frisch im Bundestag ließ er sich von einer der 800 Lobbyorganisationen, die freien Zugang zum Bundestag und zu den Abgeordneten haben, akquirieren, und schon war neben dem Mandat eine weitere Einkommensquelle gesichert. Was ist da schon Haupt-, was Nebentätigkeit?[18]

Die Skandalisierung dieses Falles hat, wenige Monate später, Abgeordnete (z.T. über ihre Ehefrauen) nicht daran gehindert, sich an der Anschaffung von Corona-Masken zu bereichern, was, wie Gerichte ex post bescheinigt haben, im Rahmen einer Nebentätigkeit für Abgeordnete legal war. Alles legal, aber auch legitim?

Der Lernprozess für die „da unten“ in der Exekutive wird durch den Blick „nach oben“ ständig gefördert: Ist der Weg über die formelle Nebentätigkeit, ob Anzeige- oder Genehmigungspflicht, aus irgendwelchen Gründen zu beschwerlich, wählt man den/die Lebenspartner/in, über den/die sämtliche Gewerbe (Weinhandel, Baugewerbe, Finanz-, Politikberatung, etc.) abgewickelt werden können. Die ein oder andere Tätigkeit wird sich dann schon in die eigenen Dienststunden verlegen lassen!

Auch politische (nicht-genehmigungspflichtige) Tätigkeiten gehören zum eskapistischen Repertoire des Beamten, um der repetitiven Einöde des Kataster- oder Rechnungsprüfungsamtes zu entgehen. Es ist selbstverständlich, dass man für *parteipolitische* Tätigkeiten freigestellt wird; was nicht bedeutet, dass man für jede *politische,* also auch außerhalb der Parteien und ihr nahestehender Verbände stattfindende, Tätigkeit freigestellt wird. Die Parteien, im Demokratiemodell des Grundgesetzes in Artikel 21 vorgesehen, haben sich mittlerweile im sozialen und politischen Geschehen der Republik und besonders im Öffentlichen Dienst eine Position erobert, die unabhängige Wissenschaftler durchaus als ernst zu nehmende Deformation des generischen Modells bezeichnen.[19]

[18] Veröffentlichungspflicht und Einkommensgrenzen, die der Bundestag zwischenzeitlich verfügt hat, greifen nur bedingt. Schlupflöcher gibt es allenthalben, vgl. Bullion & Burghardt (2020)

[19] Verdienstvolle Arbeiten zum Thema: v. Arnim (1980, 1993)

„Den Amtsleiter kenne ich aus dem Ortsverein", ein Satz, der in den vergangenen Jahrzehnten überwiegend in SPD-Hand befindlichen Kommunalverwaltungen, beliebt war, wenn man mögliche Vorteile für sich zu realisieren beabsichtigte. Diese Art von Beziehungsgeflecht war (ist?) ein fester Bestandteil der Kommunalkultur im Ruhrgebiet. Aus einem Gefühl von bergbaulich bestimmter Arbeitersolidarität ist der „kumpelige" Loyalitätsbegriff politischer Parteien geworden, denen es weniger um Kompetenz, als um Gesinnungsloyalität geht.

Auch in den Bundesbehörden, wie generell im Öffentlichen Dienst, wird parteipolitisches Engagement honoriert. Nicht nur auf der Karriereleiter, sondern auch bei Einstellungsverfahren spielt die Zugehörigkeit zur richtigen Partei eine große, manchmal sogar entscheidende Rolle. Bei den Kommunen im Ruhrgebiet existiert seit Jahrzehnten eine Art parteipolitische Günstlingswirtschaft („Nepotismus"), die vermutlich im gesamten Bundesgebiet ihres Gleichen sucht. Andererseits mag sich jeder Oberbürgermeister, jeder Regierungspräsident, jeder Bürgermeister (Verantwortliche „da unten") denken, warum sollten wir dann anders verfahren? – wenn es selbst bei den Obersten Bundesbehörden Teil der politischen Kultur ist, dass man auf diese Art und Weise für sich und die Seinen Vorteilen schindet.

Sollten sich Unternehmen, diesem und ähnlichen Beispielen folgend, entschließen, statt des Leistungsprinzips nunmehr das Prinzip der *richtigen Gesinnung* einzuführen, dann sähe sich diese Republik wohl alsbald mit einer ganzen Serie von Pleiten konfrontiert.

Personalentwicklung

Zur Verwaltungskultur gehört auch, dass sie von den Behörden selbst aktiv gestaltet und sogar gefördert wird. Im Rahmen der Personalentwicklung gibt es in jeder Behörde Fortbildung für Beamte. Großen Zulauf, schon wegen ihres Freizeitcharakters, haben sogenannte verhaltensorientierte Seminare mit Themen wie „Umgang mit dem Publikum", „Gruppendynamik" „Führung für Vorgesetzte" usw., die dem Unbehagen am Widerspruch zwischen Hierarchie, Persönlichkeit und Verwaltung geschuldet sind. Mit anderen, den

Worten des Soziologen: Es sollen strukturelle Asymmetrien, die das anachronistische System des Berufsbeamtentums beinhaltet[20], mit ein wenig Kosmetik kaschiert werden. Ist es so?

Man kann in den vielen Einzelaspekten dessen, was wir als Verwaltungskultur bezeichnen, summarisch eine Art kollektiver Kompensationsstrategie des oben angedeuteten Widerspruchs erkennen. Immer hilft die Verwaltungskultur, diesen Widerspruch zu ertragen: Sie hat eine Schutzfunktion. Das Büro wird wohnlich ausgestattet, wird zum Ersatzwohnzimmer, täuscht Familienleben vor, ebenso wie die Kaffeerunde und die freundlichen Urlaubskarten der Kolleginnen, mit denen die Wände behängt werden. Beziehungen werden auf verschiedenen Ämtern intensivst gepflegt, Beamte beflirten nicht nur Beamte, sie heiraten sie auch.[21] Beamte erzählen Beamtenwitze und halten nichts von Beamten: Sie verobjektivieren ihre eigene Rolle, um sich von ihr distanzieren zu können. Der Beamte ist und bleibt doch schließlich – gewissermaßen im Nebenberuf – noch etwas anderes als Beamter, nämlich ein Mensch.[22] In diesem karikierenden, aber gewiss nicht herabsetzend gemeinten Satz ist die verborgene Wurzel der Verwaltungskultur aufgedeckt.

[20] Wenn wir von einem „anachronistischen System" schreiben, dann reden davon, dass das System strukturell unzeitgemäß und dysfunktional im Sinne mangelnder Effizienz ist, s. von Arnim (2017)

[21] Lt. Meinungsforschungsinstitut Gewis hat jeder fünfte Berufstätige schon einmal eine Beziehung am Arbeitsplatz gehabt. Jeder vierte davon hat den/die Kollegen/in geheiratet.
Businessportal Careerbuilder: 30 Prozent aller Paare haben sich am Arbeitsplatz kennen und lieben gelernt. Meinungsforschungsinstitut Ifak: jede zehnte Deutsche hat sich schon einmal im Büro verliebt. vgl. *https://www.tagesspiegel.de/gesellschaft/panorama/glegenheit-macht- liebe-6513085.html*

[22] Giese (1929)

Betr.: Einhaltung der Dienststunden

Ein weitverbreitetes Vorurteil besagt: Beamte tun nichts. Soziologische Forschung meint herausgefunden zu haben, dass dieses Vorurteil sogar in keiner Bevölkerungsgruppe weiter verbreitet ist als unter den Beamten selbst. Vor allem höhere Beamte sind davon überzeugt, dass Beamte insgesamt nichts tun, nichts leisten, nichts taugen. Davon handeln bestimmt 95% aller Beamtenwitze, und das seit mehr als 150 Jahren. 1832 schrieb der Satiriker Moritz Gottlieb Saphir: *„Manche bureaux sind wie Friedhöfe, man könnte auf jede Thüre setzen: ‚Hier ruht der Herr soundso.'"* Ist vielleicht etwas Wahres an diesem Vorurteil?

Wir haben jemanden gefragt, der es eigentlich wissen müsste, den Regierungspräsidenten zu Köln. Herr Regierungspräsident, wie steht es um die Pünktlichkeit und Leistung Ihrer Mitarbeiter? Halten sie ihre Dienststunden ein, gewissenhaft und korrekt wie Beamte zu sein haben?

Ich habe festgestellt, dass entgegen meinen Anordnungen die Mittagspause bereits vor 12.30 Uhr begonnen wird .. . Ich verweise daher nochmals ausdrücklich auf die festgesetzten Dienststunden. ... In der letzten Zeit läßt wieder die Pünktlichkeit an manchen Stellen zu wünschen übrig. ... Ich habe erneut Veranlassung, darauf hinzuweisen. ... Diese Arbeitszeit gilt ohne Ausnahme für alle Bediensteten. ... Ich habe Veranlassung, erneut an die Pflicht zur Pünktlichkeit zu erinnern. ... Ich habe Anlaß, darauf hinzuweisen, daß die halbstündige Mittagspause keinesfalls überschritten werden darf. ... Wie ich festgestellt habe, wird die Mittagspause von einer größeren Zahl von Bediensteten der Behörde in ungebührlicher Weise ausgedehnt. Da alle Hinweise auf eine pünktliche Einhaltung der Dienststunden nur geringe Beachtung gefunden haben, sehe ich mich gezwungen, ... Anwesenheitsbücher einzuführen. ... daß es immer wieder Angehörige der Regierung gibt, welche die halbstündige Mittagspause mißbrauchen ... Ich habe Veranlassung darauf hinzuweisen, daß jeder Beamte und Angestellte verpflichtet ist, bei Dienstbeginn sich in seinem Büro einzufinden. ... möchte ich auch die Aufmerksamkeit auf die Tatsache lenken, daß an den Samstagen, genau wie an allen übrigen Tagen, jedes vorzeitige Verlassen des Dienst-

gebäudes unterbunden werden muß. ... Ich habe Veranlassung, darauf hinzuweisen, daß ein vorzeitiges Verlassen des Dienstes vor Schluß der Dienststunden unter keinen Umständen gestattet ist. Außerdem bitte ich dringend darum, daß jeder Abteilungsleiter und Dezernent dafür Sorge trägt, daß nicht nur morgens pünktlich begonnen wird, sondern daß auch vor Dienstschluß das Haus niemand vorzeitig verläßt. Und ganz besonders bitte ich darum, darauf zu achten, daß die Mittagspause gewissenhaft und korrekt innegehalten wird. (Katalog „Vom Amtsleben", 1984, S.52)

Dies sind keine Erfindungen infamer Bürokratiekritiker, sondern Zitate aus den internen Rundschreiben einer Behörde aus den Jahren 1946 bis 1961. Die Behördenmitglieder kommen morgens zu spät, gehen nachmittags zu früh, und schließlich dehnen sie auch noch die Mittagspause über Gebühr aus. Letzteres scheint ganz besonders verwerflich zu sein und dem Ethos des der Verwaltung so sehr zu widersprechen („korrekt und gewissenhaft"), dass der Herr Regierungspräsident sich im Wort vergreift: „innehalten" klang ihm so schön gravitätisch und ernst; er meinte aber schlicht „einhalten".

Und bei alledem klagen die Beamten auch noch, sie hätten viel zu viel zu tun:

Allgemein wird von den Dezernenten im Hause Klage darüber geführt, dass das ihnen zur Verfügung stehende Personal zur Bewältigung der Arbeit nicht ausreiche. Diese Klagen stehen in einem krassen Widerspruch zu den Feststellungen, die ich in den letzten Tagen in Bezug auf die Einhaltung der Dienststunden getroffen habe. Meine Feststellungen geben mir ernsthaften Grund, erneut an die Pflicht zur Pünktlichkeit zu erinnern. Dieses bezieht sich nicht nur auf den Dienstbeginn und die halbstündige Mittagspause, sondern vor allem auch auf die Einhaltung der Dienststunden an den Nachmittagen ... Diese Verfügung ist allen Angehörigen der Geschäftskreise gegen Unterschriftsleistung zur Kenntnis zu bringen ... (Katalog „Vom Amtsleben", 1984, S. 55)

Wie ist dieser „krasse Widerspruch" zu erklären? Fragt man Angehörige der Verwaltungen, dann geben sie ehrlich zu: In den Öffentlichen Verwaltungen lohnt sich Leistung nicht. Der Beamte wird nicht für seine Arbeit bezahlt, sondern vom Staat dafür *alimentiert,* dass er ihm zur Verfügung steht. Das Einkommen ist nicht von der Quantität oder Qualität der geleisteten Arbeit abhängig, sondern im Wesentlichen von der Position in der Laufbahn.

Der Aufstieg in der Hierarchie ist nur um weniges zu beschleunigen, er verlangsamt sich aber auch nicht auffällig, wenn man wenig oder schludrig arbeitet. Der langsame Aufstieg kann nur in krassen Fällen schlimmsten Fehlverhaltens zu einem vorzeitigen Ende gebracht werden.

Wer heute im gehobenen Dienst anfängt, kann sich schon etwa ausrechnen, wieviel er in vierzig Jahren verdienen wird und wie hoch seine Pension ausfällt. Nennenswerte Zuverdienste gibt es nur in Form von Zuschlägen (auf die man wenig Einfluss hat) und durch Nebentätigkeiten, in die, weil materieller Anreiz vorhanden, viel Energie investiert wird. Ergo, wir wiederholen es gern, der/die *Beamte/in ist nicht wesensmäßig faul, sondern hat – angesichts struktureller Verhältnisse – normalerweise keinen Grund, seinen/ihren Fleiß zu zeigen.* Für die anderen Bediensteten gilt mit Einschränkungen dasselbe. Auch sie brauchen sich wenig Sorgen um ihren Arbeitsplatz zu machen, haben geringe, dafür aber passable Aufstiegschancen und wenig Motivation, besondere Leistungen zu zeigen. Natürlich gibt es Ausnahmen: Die strebsame Verwaltungsangestellte, die vom Mittleren in den Gehobenen Dienst aufsteigen will, existiert in jeder Behörde.

Auch wird in Teilbereichen der Öffentlichen Verwaltung Leistung erzwungen: in den von Refa-Fachleuten durchrationalisierten Schreibbüros wird ebenso gearbeitet wie in den Großraumbüros der Industrie. Es ist auch nicht zu leugnen, dass die Forderung nach mehr Sparsamkeit der öffentlichen Hände in die Verwaltungen als Leistungsdruck durchschlägt. Ist Parkinsons Gesetz, nach dem sich die Verwaltung naturwüchsig ausdehnt, weil je ein Bürokrat Arbeit für zwei weitere schafft, nicht mehr in Kraft? Ich denke, die Tendenz zur Selbstaufblähung der Öffentlichen Verwaltung ist nach wie vor sichtbar, ebenso wie ihre Ineffektivität.

In der Wirtschaft macht sich Ineffektivität der Verwaltung in roten Zahlen bemerkbar. Damit es nicht so weit kommt, sind in den privaten Verwaltungen Sicherungsmechanismen eingebaut, die für die Mitarbeiter Unsicherheit bedeuten: Wer nicht funktioniert, fliegt. So gibt es eine gewisse Auslese, nicht gerade der Besten, aber doch der Effektivsten. Anders im Öffentlichen Dienst. Der Staat hat gegenüber seinen Bediensteten eine besondere *Fürsorgepflicht.* Wer keine Leistung erbringt, wird mit durchgezogen.

Es gibt keinen Grund für die Annahme, bei Angehörigen des Öffentlichen Dienstes trete Alkoholismus häufiger auf als etwa in der „freien“ Wirtschaft. Nur werden dort die Alkoholiker eben nach Ablauf von Kündigungsschutzfristen und nach dem Scheitern therapeutischer Maßnahmen rigoros entlassen. Anders im Öffentlichen Dienst: Ein Lebenszeitbeamter kann wegen eines krankhaften Alkoholismus allein nicht aus dem Dienst entfernt werden. Es gibt aber noch einen anderen, ebenso wichtigen Grund, der erklären könnte, warum öffentlich Bedienstete so wenig tun wie nur möglich, und der ist mit dem Wesen Öffentlicher Verwaltung eng verbunden. Um seine Tätigkeit ohne Ansehen der Person (auch seiner eigenen!) durchführen zu können, um wirklich so unparteiisch zu sein, wie er es als Glied eines Verwaltungsapparates sein muss, braucht der Verwaltungsangehörige Distanz zu seiner Arbeit. Sie muss ihm äußerlich sein, er muss die konkrete Arbeit im Grunde als uninteressant betrachten. Max Weber hat es in seiner Theorie der Bürokratie auf den Begriff gebracht: „Sine ira et studio“ müsse der Beamte arbeiten, also ohne Zorn – und ohne Eifer![23]

[23] Die Identifikation mit der Arbeit hängt ganz wesentlich am Ausmaß der Autonomie und Gestaltungsmöglichkeit ab, die der einzelne Beamte in der Behörde ab. Insofern ist zwischen den Möglichkeiten des mittleren/gehobenen und höheren Dienst zu unterscheiden.

Der Personalrat: „Im Interesse der Pflege der Gemeinschaft"

Zweifellos versieht jeder Beamte, jede Mitarbeitende, die obliegenden Dienstangelegenheiten nach bestem Wissen und Gewissen. Dafür ist er/sie verantwortlich, und da soll ihm und ihr nichts nachgesagt werden können! Das Nötigste, eben; aber das korrekt und ordentlich. Dagegen scheint es mit der Verantwortlichkeit für das größere Ganze, jenseits des eigenen Schreibtisches, nicht so weit her zu sein. Die Verwaltung, die Behörde als solche oder gar der Staat sind dem einzelnen Glied dieses Ganzen offenbar äußerlich und uninteressant. Das fängt damit an, dass immer wieder von „oben" moniert werden muss, dass Mitarbeiter der Verwaltung mit Gebäuden und Materialien nicht pfleglich, sparsam und manchmal auch nicht ordentlich umgehen, und es zeigt sich in vielen Versuchen, ein nicht existierendes Gemeinschaftsgefühl herzustellen. Beamte, denen die Kompetenz zu weitreichenden Entscheidungen gegeben ist, beschmieren offenbar Wände, sind unfähig, eine Kaffeemaschine zu bedienen, schwätzen während der Dienstzeit mit Leuten auf der Straße ... Sie benehmen sich wie Schulkinder; oder werden sie nur von einem pädagogischen Regierungspräsidenten wie Schulkinder behandelt?

Seit den 50er Jahren gibt es bei den Regierungspräsidien, ebenso wie bei anderen Behörden die Einrichtung eines Personalrates (bei Unternehmen heißt dieses Gremium Betriebsrat). Interessant ist, dass, obschon Personal- als auch Betriebsrat in der Revolution von 1918 zur Vertretung der Interessen der abhängig Beschäftigten erkämpft worden war, dieser in der Verwaltung offenbar die Funktion eines *Klassensprechers* hat: Er durfte den Milchkauf organisieren und Klassenfeten – nein, Behördenausflüge organisieren (s. Abb. 7 und 8). Der Betriebsratsvorsitzende bei der Kölner Regierung benutzte noch 1950 völlig unbefangen das Naziwort „Gefolgschaft" und sah seine Aufgabe darin (auch einem Herzenswunsch des Regierungspräsidenten entsprechend), die menschlichen Kontakte in der seelenlosen Behörde zu verbessern, offenbar nicht mit allzu viel Erfolg. Selbst der rasanteste Samba-Express zog nicht so richtig!

Der Betriebsrat der Regierung K ö l n, den 2o. Mai 195o

An

alle Angehörigen des Hauses.

Betr.: Betriebsausflug:"Mit Samba-Expreß an die Mosel".

Das "Vorkommando" hat als Ziel des diesjährigen Betriebsausfluges den vielbesuchten und weitberühmten Luftkurort Kobern a.d.Mosel ausgesucht. Der Weinort Kobern ist reich an landschaftlichen Schönheiten, ein Fleckchen Erde, wert, gekannt zu werden. Der köstliche Saft seiner Reben ist erfrischend und labend.

Freitag, der 16. Juni ds.Jrs. oder Dienstag, der 2o. Juni d.Jrs. sind als Ausflugstage in die engere Wahl genommen. Die Entscheidung trifft der auf Urlaub befindliche Herr Regierungspräsident erst nach seiner Rückkehr.

Die Fahrtkosten, die Auslagen für ein gutes und reichliches Mittagessen sowie für Filterkaffee (2 Tassen) mit Kuchen belaufen sich auf 1o,5o DM, nach Abzug des Kopfbetrages von 3,- DM auf DM 7,5o.

Tanzwagen, Musik und "Mitropa"-Speisewagen werden uns die Fahrt längs Rhein und Mosel noch angenehmer gestalten helfen.

Es darf erwartet werden, daß kein Mitglied der Gefolgschaft, das nicht dringend verhindert ist, sich von dieser Gemeinschaftskundgebung ausschließt. Anmeldungen, dezernatweise, werden erbeten bis zum 28. Mai 195o bei den Mitgliedern des Betriebsrates:

a) Josef Wallau, Reg.Hauptkasse, Buchh.II,

b) Hans Faßbender, Haus Neuerburg, Zimmer 41.

Die Teilnehmer sind zur gemeinsamen Einnahme des Mittagessens nicht verpflichtet. Im Falle der Nichtteilnahme reduziert sich der Unkostenbeitrag auf DM 5,7o.

Einzelheiten werden rechtzeitig bekanntgegeben.

Müller

(Müller)
Vorsitzender.

Abb. 7: Katalog „Vom Amtsleben" (1984, S.59)

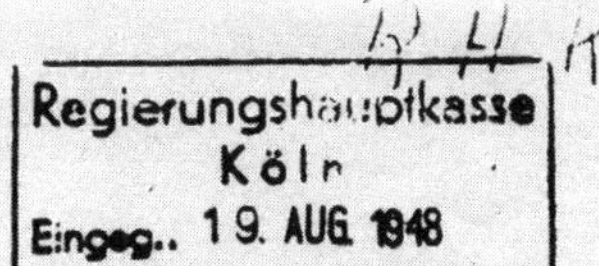

Köln, den 17. Aug. 1948

Am Montag, dem 23. August 1948 veranstaltet die Regierung Köln ihren diesjährigen Betriebsausflug, zu dem alle Beamten, Angestellten und Arbeiter, soweit sie an diesem Tage abkömmlich sind, hiermit herzlich eingeladen werden.

9^{00}	Abfahrt mit Sonderwagen der Linie B in Köln-Deutz.
10^{00}	Ankunft im "Hexenhäuschen" im Milchborntal bei Bensberg. Gemeinsames Kaffeetrinken.
11^{00}	Fußballspiel einer Auswahlmannschaft der Regierung gegen eine Auswahlmannschaft der Stadtverwaltung Bensberg.
13^{00}	Gemeinsames Mittagessen (Bitte Bestecke mitbringen !).
14^{00} - 15^{00}	zur freien Verfügung (Spaziergang oder Schwimmen in der nahegelegenen Badeanstalt).
15^{30}	Kaffee mit Kuchen.
16^{15}	1 Stunde "Aus dem Schatzkästlein deutscher Musik". Mitwirkende: Konzertsängerin Edith Hartmann (Alt), Konzertsänger Gustav Luckenbach (Tenor), Egon Kraus (Violine und Volksliedsingen), Hermann Hoppenau (Begleitung), ein Madrigal-Quartett (Fee Mömmerzheim, Maria Boss, Egon Kraus, Hermann Hoppenau).
ab 17^{30}	Zwangloses Beisammensein mit Tanz, Verlosung pp.
19^{00}	Rückfahrt des Sonderwagens.

Der Unkostenbeitrag von 5,5o DM wird am Freitag (und notfalls noch am Samstagvormittag) durch die Obleute, die sonst die Bons für die Gemeinschaftsverpflegung ausgeben, eingezogen.

Die Beamten, Angestellten und Arbeiter der Regierung, die nicht am Betriebsausflug teilnehmen, haben am 23.8. den normalen Dienst zu versehen. Die Gemeinschaftsverpflegung im Karl-Josef-Haus fällt an diesem Tage aus.

Wir hoffen, daß der Betriebsausflug auch in diesem Jahre vom Wetter begünstigt - wenn auch in zeitgemäß einfachem Rahmen - einen schönen und reibungslosen Verlauf nimmt.

Der Regierungspräsident
gez. Dr. Warsch

Der Betriebsrat der Regierung
gez. Thedieck gez. Faßbender

Beglaubigt:

Reg. Angestellter

Abb. 8: Katalog „Vom Amtsleben" (1984, S.61)

Vielleicht lag den Beamten und Angestellten dieser Behörde gar nicht so viel an menschlichen Kontakten!? Vielleicht betrachteten sie die Behörde doch eher als etwas ihnen Äußerliches, was mit dem eigentlichen Leben nicht so viel zu tun hat! Was die „Gefolgschaft" des Regierungspräsidenten Köln um 1950 gedacht hat, lässt sich heute kaum noch rekonstruieren. Aber das Nebeneinander von bürokratischen Anordnungen und Appellen an das (nicht vorhandene?) Gemeinschaftsgefühl, von pädagogischen Maßnahmen und rationalen Erwägungen, von Herz und Paragraf spricht eine deutliche Sprache. Gewiss waren die Gehälter der Beschäftigten damals niedrig. Aber dass die 15 in der Regierungshauptkasse Beschäftigten bei einer Sammlung für ein Geburtstagsgeschenk für den verehrten Herrn Regierungspräsidenten insgesamt 3,49 DM aufbrachten (23 Pfennig durchschnittlich!; *s. Katalog „Vom Amtsleben", 1984,* S.58), das lässt doch eher daran zweifeln, dass zwischen dem Regierungspräsidenten und seinen Gefolgsmännern- und -frauen ein besonders herzliches Verhältnis herrschte. Vielleicht liegt es daran, dass menschliche Gefühle eben nicht dezernatsweise geäußert werden können!

Amtssprache: Deutsch? „Das Wandern ist des Müllers Lust"

Seit es so etwas wie „Beamtendeutsch" gibt, wird es von der Kritik wohlmeinender Sprachpfleger begleitet. Seit geraumer Zeit bemüht sich auch die Politik um Einfluss auf die Beamtensprache. Wir meinen damit nicht nur die sogenannten Sprachregelungen, obwohl auch diese sich gelegentlich als Sprachpflege tarnen. So konnte sich z. B. die nationalsozialistische Sprachregelung, die Fremdwörter als undeutsch ausmerzte, auf die Lehren puristischer Germanisten stützen.[24]

Mit Sprachregelungen versucht eine Regierung, ihre ideologische Position festzuschreiben, in dem irrigen Glauben, was nicht gesagt, geschrieben und gedacht werden könne, existiere nicht (s. Abb. 9). Nur noch lächerlich erscheinen uns heute die Versuche, durch Anführungsstriche bzw. die Abkürzung „SBZ" die DDR aus der Welt zu schaffen (die hat sich schon selbst aus der Welt geschaffen), ebenso wie der Versuch, fiktive Rechtsansprüche durch das rituelle Herunterbeten der Formel „deutsche Reichsgebiete in den Grenzen vom 31. Dez. 1937 unter vorläufiger polnischer (bzw. sowjetischer) Verwaltung" zu verhindern – ein Bemühen, das heute kaum noch verständlich ist. Dennoch, es gibt auch moderne Versuche (Stichwort: green washing), durch sprachliche Euphemismen (Beschönigungen) die Realität zu verklären: So soll das „Waldsterben" durch „neuartige Baumschäden" aus der Welt geschafft werden?

Solche sprachlichen Umdeutungsversuche sind, wie besonders das Beispiel der oben zitierten Reichsgebiet-Formulierung deutlich macht, Verrenkungen, die auch denjenigen, die sie erlassen haben, selbst recht peinlich zu sein scheinen. So heißt es denn in einem Erlass des Innenministers des Landes Nordrhein-Westfalen vom 11. Oktober 1956: Betr. Bezeichnung der deutschen Ostgebiete: *„Von einer Veröffentlichung dieses Erlasses bitte ich Abstand zu nehmen."* (s. Abb. 10)

[24] Klemperer (2020)

03

Abschrift

Der Innenminister
des Landes Nordrhein-Westfalen
I C 2 / 17 - 5o.19

Düsseldorf, den 23. Mai 1957

Regierungshauptkasse
Köln
Eing. 22. JUNI 1957

An
die Herren Regierungspräsidenten
in Köln pp.

Betr.: Territoriale Bezeichnung des sowjetisch besetzten Sektors von Berlin

Bezug: RdErlasse vom 12. Juni 1955 und vom 11. Oktober 1956 -I C 2/17-5o.19-.

In Ergänzung meiner RdErlasse vom 12. Juni 1955 und 11. Oktober 1956 bitte ich, künftig im innerdeutschen Verkehr der Bundes-republik die 8 Bezirke des sowjetisch besetzten Sektors von Berlin (Ostsektor) ausschliesslich als

"Sowjetsektor von Berlin"

bzw. in Kurzform als

"Sowjetsektor"

zu bezeichnen. Die Anwendung dieser Bezeichnungen ist vor allem seit den verschiedentlichen Schikanemassnahmen, z.B. um die Jahreswende 1955/56, sowie angesichts der letzten politischen und rechtlichen Entwicklung der Lage Berlins angebracht.

Diese Sprachregelung gilt selbstverständlich nicht für den Amtsverkehr zwischen Landesbehörden und sowjetzonalen Dienststellen in der sowjetischen Besatzungszone und dem Sowjetsektor von Berlin (s.meinen RdErlass vom 31. August 1955 -I C 2/17-5o.13o-).

Zur Klarstellung weise ich abschliessend noch darauf hin, dass die Abkürzung "SBZ" lediglich für die engere sowjet. Besatzungszone Deutschlands (m.a.W. für die gegenwärtigen 14 Bezirke der sogen. "DDR") gilt. Sie umfasst nicht den Sowjetsektor von Berlin.

Ich bitte, alle Landes- und Kommunalbehörden und die der Aufsicht des Landes unterstehenden Körperschaften und An-

- 2 -

Abb. 9: 23. Mai 1957, Der Innenminister des Landes Nordrhein-Westfalen an die Herren Regierungspräsidenten

Der Regierungspräsident
- I P 162/0211 -

Regierungshauptkasse Köln
Eing. 16. DEZ. 1954

Köln, den 13. Dezember 1954

An
die Herren Abteilungsleiter und Dezernenten

im Hause

Im Anschluß an meine heutigen Ausführungen in der Dezernentenkonferenz über die Beschränkung der Dienstreisen auf das unbedingt notwendige Maß mache ich noch einmal besonders darauf aufmerksam, daß der Samstag von Dienstreisen freizuhalten ist, damit die Fahrer ihre Wagen in Ordnung bringen können. Außerdem habe ich dann auch persönlich die Gewähr dafür, daß ich samstags die Herren Abteilungsleiter und Dezernenten zu persönlichen Rücksprachen auf Anruf stets erreichen kann.

Bei dieser Gelegenheit möchte ich auch die Aufmerksamkeit auf die Tatsache lenken, daß an den Samstagen, genau wie an allen übrigen Tagen, jedes vorzeitige Verlassen des Dienstgebäudes unterbunden werden muß. Über die dringende Notwendigkeit der Innehaltung der Pünktlichkeit bei Dienstbeginn und in der Mittagspause brauche ich wohl meinen heutigen Ausführungen nichts mehr hinzuzufügen.

gez. Dr. Warsch

Beglaubigt:
Reg.Angest.

Herrn Regierungsoberamtmann Bechem

Abb. 10: Katalog „Vom Amtsleben" (1984, S. 25)

Eine tiefere Kritik an Behördensprache könnte sich gerade am zuletzt zitierten Satz entzünden. Er ist leicht zu kritisieren: Die doppelte Substantivierung, der doppelte Genitiv und das ungebräuchliche gravitätische „Abstand nehmen“ fallen jedem sprachlich sensiblen Menschen sofort ins Auge.

Es gibt aber noch eine zweite Ebene der Kritik, die im Allgemeinen nicht in Lehrbüchern für besseres Verwaltungsdeutsch gelehrt wird. Nach der herkömmlichen Sprachkritik könnte man den zitierten Satz verbessern, indem man schriebe: „Ich bitte Sie, diesen Erlass nicht zu veröffentlichen.“ In Wirklichkeit heißt der Satz jedoch: „Ich verbiete Ihnen, diesen Erlass zu veröffentlichen.“ Der Satz, wie er im Original steht, ist nicht nur sprachlich schlecht, sondern auch insofern unehrlich, als er als höfliche Bitte ausgibt, was in Wirklichkeit eine dienstliche Anweisung ist.

Die Verfügung des Vorsitzenden des Bezirksbeschlußausschusses (interessantes Wortungetüm) vom 9. November 1950 (s. Abb. 11) bietet Verwaltungssprache in Reinkultur. „Betrifft“ und „Bezug“ sind nützliche Hilfsmittel für den Adressaten. Dass das erste Wort eine Verbform, das zweite ein Substantiv ist, stört ein wenig. Im Amtsdeutschen wird sonst häufig das nichtexistierende Substantiv „Betreff“ gewählt. „Wandergewerbsscheine“ ist ein Euphemismus, eine Beschönigung oder gar eine Unwahrheit? Es handelt sich in Wirklichkeit um Gewerbescheine von Hausierern. („wandern“ klingt nach Müllers Lust). Der erste Satz des Schreibens enthält fünfmal die Nachsilbe -ung, und diese Häufung der Verwendung der für die Substantivierung von Verben verwendeten Wortbildungspartikel -ung ist eins der besten Erkennungsmerkmale bürokratischen Stils.[25]

Niemals wird eine Behörde zugeben, dass eine von ihr getroffene Anordnung gänzlich falsch, unpraktikabel oder unsinnig gewesen sei. Dies verbietet sich nach dem Selbstverständnis der Bürokratie, im Weberschen Sinne. Frühere Anordnungen sind allenfalls korrigierbar, verbesserbar. Der Satz: *„Ich habe einen Fehler gemacht“* kommt im Amtsdeutschen nicht vor. „Ich bitte daher ...“ heißt in Wirklichkeit: Ich ordne daher an. Das Wort „vereinnahmen“ gibt es im Deutschen nicht, das Wort „abführen“ hat im Deutschen wenigstens eine andere Bedeutung als im Amtsdeutschen. Die

[25] Henkel & Taubert (1979)

Der Vorsitzende
des Bezirksbeschlußausschusses
BA

Köln, den 9. November 1950

An
die Stadtverwaltungen Bonn und Köln
die Kreisverwaltungen des Bezirks

Betrifft: Abführung der Verwaltungsgebühr für Wandergewerbescheine
Bezug: Verfügung vom 28. März 1949 - BA 36/49a -

Die mit der o.a. Verfügung eingeführte Regelung bezüglich der Abführung der Verwaltungsgebühr an die Regierungshauptkasse Köln hat sich als zu wenig übersichtlich und nicht zweckmässig erwiesen.

Ich bitte daher für die Folge nachstehende Regelung zu beachten.

Die vereinnahmten Verwaltungsgebühren sind am 25. jeden Monats seitens der Gemeindekassen an die Kreiskommunalkassen abzuführen. Die Kreiskommunalkassen ihrerseits haben die Gebühren zusammen so rechtzeitig an die Regierungshauptkasse zu überweisen, dass das Geld spätestens am 10. des folgenden Monats hier eingeht. Mit der monatlichen Überweisung ist eine Zusammenstellung nach beiliegendem Muster hier vorzulegen.
Im Interesse einer einheitlichen Regelung bitte ich dafür Sorge zu tragen, daß die bisher vereinnahmten Verwaltungsgebühren für Wandergewerbescheine 1951 zum 10. Januar 1951 nach hier überwiesen werden. Sofern bei den einzelnen Gemeinde- bezw. Kreiskommunalkassen noch Verwaltungsgebühren für Wandergewerbescheine 1950 vereinnahmt werden, sind diese bis spätestens 31.Dezember 1950 in der bisher üblichen Form an die Regierungshauptkasse abzuführen.

Anträge auf Erstattung von Verwaltungsgebühren sind, sofern das Geld bereits an die Regierungshauptkasse abgeführt ist, mir mit Angabe des Überweisungsmonats vorzulegen. In den Fällen, in denen eine Überweisung an die hiesige Kasse noch nicht erfolgt ist, habe ich keine Bedenken, wenn die gezahlte Verwaltungsgebühr von dort erstattet wird.

Im Auftrage:
gez. Dr. Ryba

Beglaubigt:
[signature]
Reg.Angestellte

Abb. 11: Katalog „Vom Amtsleben" (1984, S. 47)

damit bezeichneten Tätigkeiten kommen im normalen Leben auch nicht vor. Abgeführt wird, wer die öffentliche Ordnung stört, und abgeführt wird, wenn die Verdauung gestört ist. „Seitens“ und „Ihrerseits“ sind typische, wenn auch vermeidbare Merkmale bürokratischen Stils. „Hier“ und „dort“, Kürzel für „in unserer Behörde“ bzw. „in Ihrer Behörde“ sind inzwischen zum Glück aus der Mode gekommen. Die beiden Sätze des vorletzten Absatzes dagegen sind reiner Unsinn. „Im Interesse einer einheitlichen Regelung“ würde heißen, dass die Regelung ein Interesse hat. In Wirklichkeit hat natürlich der Herr Vorsitzende ein Interesse an einer einheitlichen Regelung. Gemeint ist: „zum Zweck“. Natürlich möchte er auch nicht, wie er schreibt, dass die Wandergewerbescheine abgeführt werden, sondern die Verwaltungsgebühren. Er hätte also „jene“ statt „diese“ schreiben müssen.

„... habe ich keine Bedenken, wenn ...“ drückt wiederum eigentlich nicht aus, was gemeint ist. Man muss sich aber auch einmal klar machen, welcher Vorgang in diesem sprachlich so missglückten Schreiben abgebildet wird. Die Gemeinden nehmen mittellosen Hausierern eine Gebühr für einen Wandergewerbeschein in Höhe von 5,– DM ab. Diese 5,– DM werden weiter überwiesen an die Kreiskommunalkassen. Dort werden diese Gelder zwischengelagert und an die zentrale Sammelstelle, die Regierungshauptkasse in Köln weitergegeben. In besonderen Fällen konnte diese Gebühr zurückerstattet werden. Die „vereinnahmten“ 5,– DM machten also in diesem Fall den ganzen Weg zurück. Lässt sich dieses absurde Theater anders als in einer solch verqueren Sprache abbilden?

Die bekannte Umformulierung des Märchens vom Rotkäppchen durch Thaddäus Troll[26] im besten Amtsdeutsch bezieht ihre Komik nicht nur daraus, dass die Merkmale der Verwaltungssprache hier in gehäufter und übertriebener Form verwendet werden, sondern vor allem aus der unerwarteten Durchdringung zweier sonst völlig getrennter sprachlicher Ebenen, nämlich der Märchensprache und der Behördensprache. Ähnlich haben Teilnehmer eines Seminars „Bürgernahe Sprache“ Sprichwörter in Behördendeutsch umgesetzt; z. B. statt „Vogel friß oder stirb“: *„Bei Nichtinanspruchnahme der*

[26] Troll (1984)

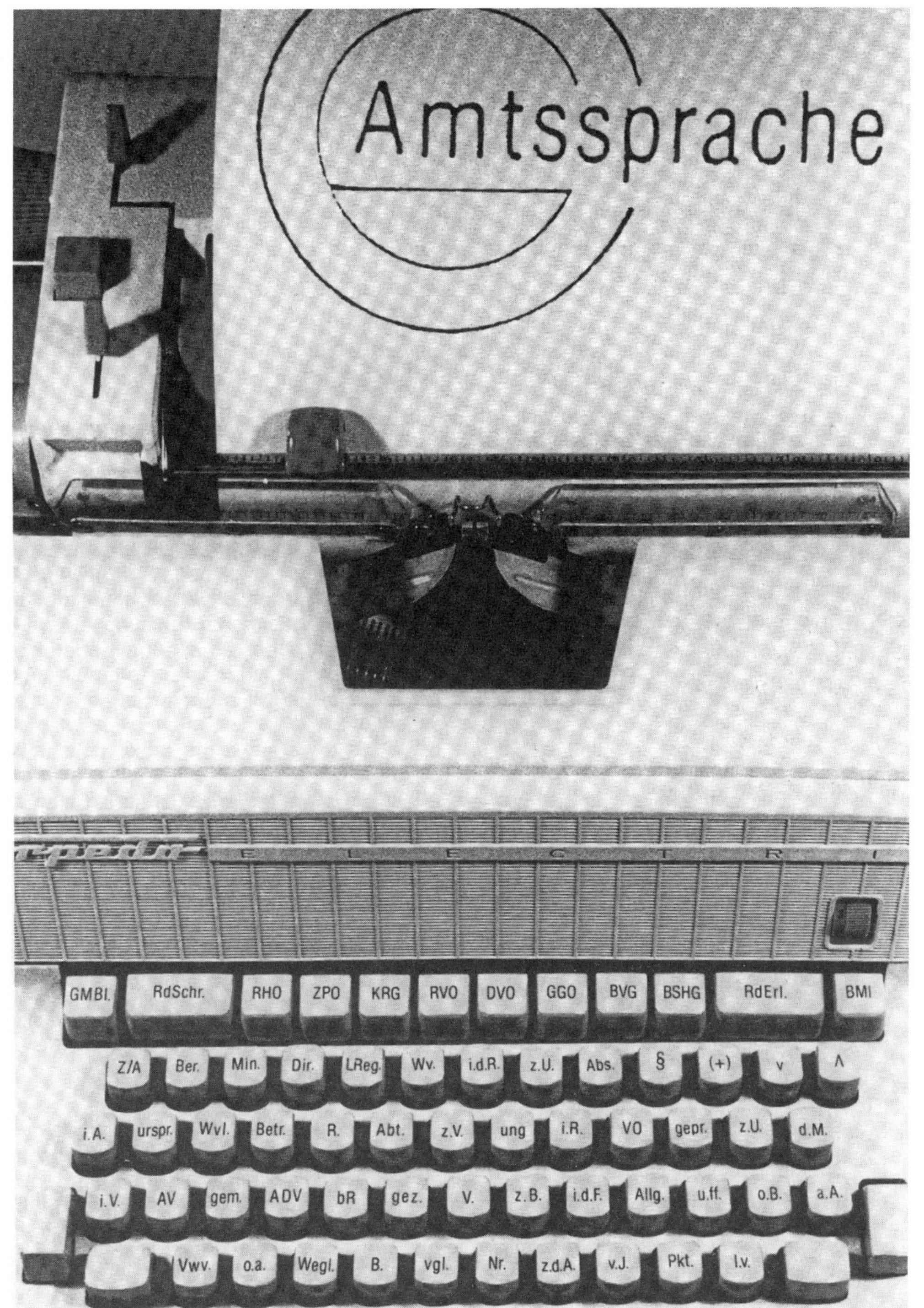

Abb. 12: Katalog „Vom Amtsleben" (1984, S. 49)

angebotenen Nahrung haben Flugobjekte mit Federkleid mit dem Verlust der Lebensfähigkeit zu rechnen.“

Es ist falsch, das Amtsdeutsch nur als schlechtes, gestelztes und gespreiztes, veraltetes Deutsch zu kritisieren. Sprache bildet Welt ab und Sprache konstituiert, stabilisiert diese Welt. Die Sprache der Behörden ist präziser Ausdruck dieser Welt.

„Der Mangel an individueller Arbeitsästhetik ist eine der Kehrseiten des Amts und Pflichtbewusstseins“[27]. Ja, so kann man es ausdrücken und damit deutlich machen, dass Behördensprache keine persönliche, individuelle, ästhetische und kreative Sprache gestattet. Dem Rationalitätspostulat der Bürokratie sind Gedanken und Sprache gleichermaßen untergeordnet – die formale Unpersönlichkeit. Notwendigerweise identifiziert sich der Beamte weniger mit seiner konkreten Arbeit als mit seinem Amt. Er muss sich als natürliche Person aus dem „Vorgang“ heraushalten, seiner Dienstpflicht als Organ oder Amtsverwalter nachkommen. Mit der Trennung von Amt und Person soll Sachrationalität und Objektivität gewährleistet werden. Persönlich steht der Beamte dem Bürger (bis zur nächsten neuen Geschäftsverteilung) nur zufällig gegenüber.

In der Konsequenz dieser Trennung von Person und Amt liegt eigentlich die Uniformierung aller Beamten. Möglicherweise ist die uniforme Behördensprache ein Überrest der von den meisten Beamten seit der Weimarer Republik abgelegten Uniform. Dies wäre ein möglicher Grund für das Fortleben der tradierten Beamtensprache: Der Beamte legt sein sprachliches Alltagskleid ab und ein formelhaftes sprachliches Dienstgewand an. Diese Dienstkleidung muss also als solche erkennbar sein und sich daher möglichst vom Alltagsdeutschen unterscheiden.

Andererseits wird heute zunehmend eine *bürgernahe Sprache* gefordert. Dabei soll die Verwaltungssprache zugleich aber auch Fachsprache bleiben. Beides zugleich kann aber Verwaltungssprache nur schwerlich sein. Und so besteht die sprachliche Form, derer sich aufgeklärte Behörden heute bedienen, oft aus einem Mischmasch dieser beiden Sprachebenen. Hinzu kommt, dass die Verwaltungssprache sich an der Juristensprache, der Sprache des Gesetz-

[27] Lohmar (1978)

gebers, zu orientieren hat. Sie muss „normtreu" sein und darf keinen Anlass zur rechtlichen Beanstandung bieten.

Ein Beispiel. Der Regierungspräsident schreibt 1982 an eine junge Frau: *„Sehr geehrte Frau ... ! Ich danke Ihnen für Ihr Interesse an einer Ausbildung für den Beruf der Verwaltungsfachangestellten."* (s. Abb. 13). Das ist heute üblich, es ist genau das, was man heute unter bürgernah versteht, fast gutes Deutsch, nur sind die darin ausgedrückten Gefühle unwahr. Der ausgedrückte Dank ist nur eine bürgernahe Floskel, die eine früher übliche Empfangsbestätigung ersetzt. *Voraussetzung für eine Einstellung ist u. a. die erfolgreiche Teilnahme an einem psychologischen Auswahlverfahren.*

Nach der bürgernahen Eingangsfloskel nun also wieder die alte bürokratische Fachsprache mit all ihren Merkmalen. Vier Substantive (allesamt Abstrakta) hängen an einem kleinen Hilfsverb, und eine Abkürzung darf auch nicht fehlen. Aber was passiert in diesem Satz eigentlich? Die junge Frau wird sich einem psychologischen Test unterwerfen müssen. Die Bedingungen stellt der Regierungspräsident oder sein Beauftragter. Ob die Testperson diese Prüfung besteht oder nicht, entscheidet der Regierungspräsident. Hier wird also Herrschaft ausgeübt. Darüber wird nicht diskutiert, die Interessentin wird nicht gefragt, ob sie damit einverstanden ist. In den vielen Substantiven findet eine Tätigkeit von Menschen überhaupt nicht mehr statt. *„Der Vorstellungstermin findet am ... statt, zu dem ich Sie hiermit einlade."* Hier hat der Zusammenstoß von bürokratischer und bürgernaher Sprache den Satzbau durcheinandergebracht. Eigentlich müsste es heißen: „Der Vorstellungstermin, zu dem ich Sie hiermit einlade, findet am . . . statt." Das bürokratische „hiermit" stößt sich mit dem floskelhaft freundlichen „einladen". Einladungen kann man ablehnen. Zu einem anberaumten Termin dagegen sollte man besser erscheinen. „Die beigefügte Bestätigung senden Sie unverzüglich an mich zurück." Nach der sprachlich missglückten, freundlichen Einladung nun wieder der unverfälschte Kasernenhofton, den Ministerpräsident Amelunxen seinem (Dokument) Beamten schon am 4. März 1947 auszutreiben versuchte, und der auch heute noch gut 70 Jahre später überlebt hat. Der Satz klingt wie eine Aussage in Indikativ (Wirklichkeitsform). Dann muss man allerdings fragen: Woher weiß er, dass die Adressatin die Bestätigung unverzüglich zurückschicken wird? In Wirklichkeit handelt es sich um einen indi-

Entwurf/ En./04.02.1982

Der Regierungspräsident Köln x

2168

1\. Frau
[redacted]
Leineweg 2
5000 Köln 71

117

11.5. - ~~xxxxx~~ Vfa

den 04.02. 198 2

Bewerbung

Bezug: Ihr Schreiben vom 12.12.1981

Anlage: Rückantwort

Sehr geehrte Frau [redacted]!

Ich danke Ihnen für Ihr Interesse an einer ~~Einstellung in den~~ Ausbildung für den Beruf der Verwaltungsfachangestellten. ~~... Verwaltung des Landes Nordrhein-Westfalen.~~ Nächster Einstellungstermin ist der 01.08.1982. Voraussetzung für eine Einstellung ist u.a. die erfolgreiche Teilnahme an einem psychologischen Auswahlverfahren.

Der Vorstellungstermin findet
am Montag, dem 15.02.1982
Beginn: 08.00 Uhr
beim Regierungspräsidenten Köln, Zeughausstr. 4 - 10,
Raum Plenarsaal, Hauptgebäude, 2. Stock
statt, zu dem ich Sie hiermit einlade.

Die beigefügte Bestätigung senden Sie unverzüglich an mich zurück.

Ich bitte Sie, Schreibmaterial mitzubringen.
Sofern Ihnen Fahrkosten entstehen, werden diese nach den gesetzlichen Bestimmungen erstattet.

Mit freundlichen Grüßen

2\. Wvl.

I.A.

Abb. 13: Katalog „Vom Amtsleben" (1984, S. 48)

kativisch verkleideten Befehl. „Sofern Ihnen Fahrtkosten entstehen, werden diese nach den gesetzlichen Bestimmungen erstattet." Verwaltungssprache in Reinkultur: „Sofern", die altväterliche Konstruktion mit dem Demonstrativpronomen „diese" im Hauptsatz, die behördenspezifische Verwendung des Wortes „erstatten" (im normalen Deutsch kann man höchstens einen Bericht erstatten, Auslagen dagegen bekommt man ersetzt), und die behördenübliche Wendung, dass jemandem Kosten entstehen, und schließlich der an dieser Stelle doch eigentlich überflüssige Hinweis auf die gesetzlichen Bestimmungen (die 16jährige Auszubildende interessiert sich dafür sicher gewiss nicht, andererseits ist es doch ohnehin klar, dass die Behörde sich nach den vorliegenden Gesetzen zu richten hat: offensichtlich findet hier eine rituelle Selbstversicherung des Beamten statt, die ihm gleichsam gewohnheitsmäßig aus der Feder fließt):

Das alles zeigt, dass die *„bürgernahe"* Sprache dieser Behörde im Jahre 1982 nur in der Aufpfropfung von einigen schmückenden Floskeln besteht. .. „Mit freundlichen Grüßen". Noch eine freundliche Floskel am Schluss. Früher hieß es ehrlicher: „Im Auftrage, gezeichnet". Denn schließlich handelt es sich bei diesem freundlichen, persönlichen Schreiben um einen standardisierten Brief, der alle Jahre wieder verwendet wird. Was hat sich daran im 21. Jahrhundert geändert? Mit solchen und ähnlichen Schreiben dieses Stiles werden heute nur Algorithmen gefüttert, die den Vorgang der Bearbeitung automatisiert haben. Inhalt und Stil sind und bleiben identisch.

Ohne bürokratische Sprachverunstaltung und ohne bemüht aufgesetzte „bürgernahe Sprache" könnte ein solches Schreiben etwa so aussehen:

Verwaltung des Regierungsbezirks Köln
Zuständig für Auszubildende: Regierungsrat Meier Tel . . . .

Frau ... 5000 Köln 71 — *Köln, 4. 2. 1982*
Sehr geehrte Frau ...!
Sie haben uns am 12. Dezember 1981 geschrieben, daß Sie sich zur Fachangestellten in der Verwaltung des Regierungsbezirks Köln ausbilden lassen möchten. Ich bin der für diese Ausbildung verantwortliche Beamte und muß unter den vielen Bewerberinnen eine Auswahl treffen, da nur wenige Ausbildungs-

plätze vorhanden sind. Daher möchte ich Sie und die anderen Bewerberinnen zunächst einmal kennenlernen Um herauszufinden, ob Sie sich wirklich für den Beruf einer Verwaltungsfachangestellten eignen, wird ein Psychologe einen schriftlichen Test mit Ihnen durchführen. Es geht dabei nicht um eine Prüfung, sondern nur um den Versuch, herauszufinden, wo Ihre Fähigkeiten liegen. So können Sie in jedem Fall etwas über sich selbst erfahren. Die Gespräche mit mir und dem Psychologen finden am Montag, dem 15. Februar 1982, 8 Uhr morgens, in der Bezirksverwaltung Köln, Zeughausstr. 4–10, im Plenarsaal im 2. Stock statt.

Teilen Sie mir doch bitte so schnell wie möglich mit, ob Sie an diesen Vorgesprächen teilnehmen, oder ob Sie sich anders entschieden haben. Sie brauchen nur die beigelegte Bestätigung auszufüllen und zurückzuschicken. Sollten Sie mit dem Auto oder mit Bus oder Bahn (V-Bahn Appellhofplatz) anreisen, übernimmt die Bezirksverwaltung die Reisekosten. Ich rate Ihnen, lieber nicht mit dem eigenen Auto zu kommen, da in der Umgebung der Bezirksverwaltung selten Parkplätze zu finden sind.

Mit freundlichen Grüßen
Regierungsrat Franz Meier

So oder so ähnlich hätte das Schreiben auch aussehen sehen können. Aber wer hätte noch Respekt vor der Behörde, die solche Briefe schreibt?

a.d.D. – auf dem Dienstweg

Der Dienstweg, dessen strikte Einhaltung im Beamtenrecht (§ 125) geregelt ist, will die innerbehördliche Hierarchie und Verantwortung abbilden (s. Abb. 14). Ein einziger Weg für alles? Das kann nicht gut gehen. „Die soziale Welt von Organisationen ist so vielfältig, so überraschend und so widersprüchlich, dass sie mit einer *fixierten Regel* oder Gesetzeswerk nicht ausreichend beherrscht werden kann“[28], schreibt Stefan Kühl, und er scheint dabei nicht einmal an die verkrusteten Abläufe des Behördenwegs gedacht zu haben. Fassen wir es ein wenig lyrischer, denn es gibt die weitverbreitete Irrige Ansicht, dieser Dienstweg sei die kürzeste Verbindung zwischen Plan und Ausführung.

In Wirklichkeit führt der Dienstweg in vielen Kurven über Höhen und Tiefen hinweg. Es gibt Abkürzungen und Umleitungen. Wegweiser stehen allerorten; man kann ihnen aber nicht immer vertrauen. Stellenweise ist der Dienstweg ziemlich ausgefahren, anderswo sehr staubig; das macht Durst. Mitunter ist er gar nicht begehbar, führt bedenklich nahe an Sümpfen vorbei. Er wird immer wieder mit guten Vorsätzen gepflastert, ist aber oft nur ein Knüppelpfad, ja sogar ein Holzweg. An manchen Stellen kommt man mit *aufrechtem Gang* nicht durch, anderswo empfiehlt sich Bücken oder Radfahren. Am Wegesrand wachsen Gebüsche, in denen man sich verbergen kann, in denen aber auch seltsame Vögel nisten. Vor allem aber ist der Dienstweg lang, sehr lang, und der Zuruf: „Eilt!“ wird kaum gehört. Mancher, der seit Jahren unterwegs ist, kann sich des Verdachts nicht erwehren, der Dienstweg führe immer im Kreis herum. Alles scheint so bekannt ... aber der ausgetretene Pfad ist leicht zu gehen, wenn man sich nicht zu sehr beeilt, und die Blumen am Dienstwegesrand blühen alle Jahre neu. Ende der Lyrik.

Klar ist, es gibt ihn, den Dienstweg. Aber, der Not gehorchend (Bürger-Nachfragen, Gesetzeslücken oder Änderungen etc.) kann er häufig nicht beschritten werden. Und so verhält sich das gesamte Verwaltungsprocedere wie der Umgang der Menschen mit dem von der Stadtverwaltung geplanten Geh-

[28] Kühl (2020, S. 17)

weg im Stadtpark: Die Menschen wählen den abkürzenden Trampelpfad über den Rasen.

A b s c h r i f t

Der Innenminister
des Landes Nordrhein-Westfalen.
III A 3689/50

Düsseldorf, den 12.12.1950

An den
Herrn Regierungspräsidenten
in Köln

Betr.: Einhaltung des Dienstweges.
Bezug: ohne.

Bereits durch meine Erlasse vom 20.1.1947 - III - 2 -,
vom 7.7.1948 - I 14/0 Nr.2223/48
vom 25.11.1949- I 10 Nr.2101/49-
und vom 17.7.1950 - III A u. I 10 Nr. 2676/49

habe ich auf die Notwendigkeit der Einhaltung des Dienstweges hingewiesen, die allein die schnellste und sachlich richtigste Bearbeitung ermöglicht, da nur auf Grund der Stellungnahme der unmittelbaren Aufsichtsbehörden Entscheidungen getroffen werden können. Trotzdem muss ich feststellen, dass gerade in letzter Zeit in zunehmendem Masse Stadt- und Landkreisverwaltungen, Gemeinde- und Amtsverwaltungen unmittelbar nicht nur an die Ministerien, sondern auch an den Herrn Ministerpräsidenten Berichte erstatten und Anträge sowie Anfragen stellen.

Ich ersuche Sie daher nochmals, alle Ihrer Aufsicht unterstellten Dienststellen nachdrücklichst darauf hinzuweisen, dass in jedem Falle der vorgeschriebene Dienstweg innegehalten werden muss.

Gleichzeitig bitte ich, dafür Sorge zu tragen, dass nur entscheidungsreife und mit einer eingehenden und erschöpfenden Stellungnahme der weiterreichenden Behörde versehene Vorlagen den Zentralinstanzen unterbreitet werden. Unter Ausserachtlassung des Dienstweges vorgelegte Berichte pp. werden künftighin ausnahmslos unberücksichtigt bleiben und unerledigt zurückgesandt werden.

gez. Dr. Flecken

-.-.-.-.-.-.-

Der Regierungspräsident
I E Kom. 00/0

Köln, den 22.12.1950

An die
Stadt- und Landkreisverwaltungen des Bezirks

Abschrift übersende ich zur Kenntnisnahme und Beachtung.

Abb. 14: Katalog „Vom Amtsleben" (1984, S. 8f)

Frohsinn per Runderlass

In der Satire ist es ein beliebtes Stilmittel, einen Sachverhalt durch Übertreibung kenntlich zu machen. Wir wollen uns dieses Mittels bedienen – und können dies auch leichten Herzens tun, weil es ja die Stadt Köln gibt. In diesem örtlichen Zusammenhang darf man ruhig mal den lieben Gott zitieren und feststellen: „Gott sei Dank hat Köln auch den Karneval!“ Es ist also nicht unfair, sondern liegt in der bundesweit exponierten Rolle des – vor allen Dingen – für Zugewanderte unverständlichen Phänomens „Kölner Karneval“: Ein mittlerweile durchkommerzialisiertes, jährliches Event, ein Sammelsurium seltsamer Rituale, die mit großer Verbissenheit betrieben werden. Unser Verständnis von Verwaltungskultur können wir an einer Kölner Behörde gut exemplifizieren. Aus dem scheinbar funktionalen Gegensatz zwischen einer Behörde, hier das Regierungspräsidium Köln, deren Aufgabe es ist, Gesetze zu vollziehen, und einem Fest, dessen Sinn ja gerade darin besteht, Gesetze und sonstige Regularien mindestens zeitweilig außer Kraft zu setzen, lässt sich einiges erkennen (s. Abb. 15 und Abb. 16).

Zwar sind sich Historiker und Volkskundler nicht einig über Ursprung und Sinn des Karnevals. Oft wird behauptet, Karneval sei im Grunde ein demokratischer Protest gegen Herrschaft, Zensur, Militär, Gewalt und enthalte viel rebellischen Geist. Ja, es wird sogar behauptet, es sei kein Zufall, dass die Revolution von 1848 im Kölner Karneval ausgebrochen sei.[29] Dagegen spricht aber, dass der Kölner Karneval auf die Zeit der französischen Besetzung seit 1794 zurückgeht und seit damals im Bunde von Klerus und Klüngel im Wesentlichen eine antiemanzipatorische, antirepublikanische, gegenaufklärerische Tendenz bewahrt hat.

Im Grunde widersprechen sich die beiden Theorien über den Karneval – die, es handle sich um eine rebellische Tradition, und die, der Karneval diene dazu, gesellschaftliche Veränderungen zu verhindern – keineswegs. Indem der Gehorsam zu bestimmten Zeiten und streng ritualisiert zum Schein auf-

[29] Vgl. Taubert (1977)

Der Regierungspräsident
I P -0211 -

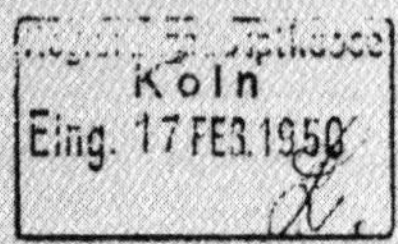

K ö l n, den 15. Februar 1950.

An
alle Geschäftskreise

im H a u s e .

Die Anmeldungen für den Aufenthalt in der Regierungshauptkasse am Rosenmontag gehen weit über das geschätzte Ausmaß und das tatsächliche Fassungsvermögen des Kassenraumes hinaus Nach den bestehenden bauaufsichtlichen Sicherheitsvorschriften für öffentliche Versammlungsräume, die sinngemäß auch auf den Kassenraum bei der für ihn am Rosenmontag vorgesehenen Benutzungsart Anwendung finden müssen, dürfen sich nur etwa 200 Angehörige des Hauses in ihm zusammenfinden.

Ich habe daher Vorsorge getroffen, daß die Freitreppe des Regierungsdienstgebäudes und der anschließende freie Platz, der sich als Tanzfläche besonders eignet, bestens hergerichtet werden und bitte alle Betriebsangehörigen, sich hier vor und während des Zuges aufzuhalten. Zur Vermeidung einer katastrophalen Überfüllung des Kassenraumes und der sich hieraus ergebenden Unzuträglichkeiten sind die Ordner angewiesen, nur die o. genannte Zahl von 200 Personen zuzulassen. Es darf hierbei erwartet werden, daß der Raum im wesentlichen unseren Kriegsbeschädigten und sonstigen Körperbehinderten verfügbar bleibt und daß die in ihm untergekommenen mit den draußen Aufenthalt nehmenden Betriebsangehörigen zeitweise ihren Platz austauschen, damit auch die letzteren sich einmal stärken können.

Abschließend weise ich im Benehmen mit dem Betriebsrat nochmals darauf hin, daß für etwaige Unfälle am Rosenmontag auf dem Grundstück und in den Räumen des Regierungsdienstgebäudes jede Haftung abgelehnt werden muß und daß den Anweisungen der eingesetzten Ordner unter allen Umständen nachzukommen ist.

gez. Dr. W a r s c h

Beglaubigt:
Scheufler
Reg.-Angest.

Abb. 15: Katalog „Vom Amtsleben" (1984, S. 62)

Der Regierungspräsident 12 Köln, den 3. Februar 1953
I P -0211-

Regierungshauptkasse Köln Eing. - 5 FEB. 1953

An
alle Geschäftskreise
im Hause

RHK

Wie in den vergangenen Jahren ist am Rosenmontag, dem 16. Februar 1953, dienstfrei. Den Angehörigen der Regierung wird Gelegenheit gegeben, sich den Vorbeizug des Rosenmontagszuges von den nach der Zeughausstraße zu gelegenen Fenstern des Regierungsgebäudes aus anzusehen. Die im Altbau beschäftigten Angehörigen verteilen sich auf die straßenwärts gelegenen Fenstern des Altbaues (Regierungshauptkasse und I. Stock), die übrigen Angehörigen der Regierung auf die straßenwärts gelegenen Fenster der an den Hauptfluren gelegenen Büroräume des Neubaues. Der Zugang erfolgt für alle Behördenangehörigen durch die Toreinfahrt des Altbaues. Der Haupteingang des Neubaues kann am Rosenmontag nicht benutzt werden, die Aufzüge sind aus Sicherheitsgründen außer Betrieb gesetzt. Die am Ende der Flure zum Haupttreppenhaus gelegenen Glastüren bleiben an diesem Tage geschlossen. Ich erwarte, daß die Büroräume und ihre Einrichtungen pfleglich behandelt und insbesondere Fenster und Türen durch Zugluft nicht geschädigt werden. Aus diesem Grunde wird angeordnet, daß die in den straßenwärts gelegenen Zimmern beschäftigten Bediensteten, soweit sie am Rosenmontag im Dienstgebäude anwesend sind, in diesen Dienstzimmern anwesend bleiben und die Verantwortung und Aufsicht auch für diejenigen übernehmen, die sie entsprechend der Sichtmöglichkeit, die mit 3 Personen je Fenster berechnet wird, aufnehmen müssen. Insbesondere ist auch das Hinauswerfen von Gegenständen irgendwelcher Art aus den Fenstern untersagt. Spätestens eine Stunde nach dem Vorbeizug des Rosenmontagszuges muß das Regierungsgebäude geräumt sein. Ich bitte, diesen Termin einzuhalten, da alsdann die Schließung des Haupttores erfolgen wird.
Es wird ausdrücklich darauf hingewiesen, daß seitens der Regierung für etwaige Unfälle an diesem Tage innerhalb des Regierungsgebäudes oder auf dem Gelände der Regierung keinerlei Haftung übernommen werden kann. Das Betreten anderer als der für die Besichtigung des Rosenmontagszuges freigegebenen Dienst-

zimmer

Abb. 16: Katalog „Vom Amtsleben" (1984, S. 64f)

gekündigt wird, wird Herrschaft stabilisiert und eigentlich das Einverständnis mit ihr ausgedrückt. Ein Beispiel repressiver Toleranz? An Weiberfastnacht ergreifen die Frauen in der Behörde die Macht, und wehe dem Chef oder Kollegen, der nicht freiwillig und demonstrativ seine Krawatte zum Abschneiden hinhält. So ist Karneval eigentlich eine der Verwaltungskultur ähnliche Erscheinung: der Versuch, die Herrschaft der Zivilisation, die alltägliche Unterordnung unter fremde Zwänge durch den Einbau von ein wenig Wildheit, Spontaneität, Anarchie aushaltbarer zu machen, vielleicht menschlicher. Und selbst der Kölner Karneval, diese so zutiefst unspontane Veranstaltung, dieses verklüngelte Ritual mit den ewig gleichen unsäglichen intellektfeindlichen Büttenreden (die vor zwanzig Jahren noch ebenso frauen- wie fremdenfeindlich waren), diese in verkrampft abgespulten „Sessionen“ durchgeführte Veranstaltung, ja, selbst diese *Karikatur lebendiger Volkskultur* enthält noch einen Rest von Aufbegehren gegen die triste Normalität.

Und so zeigen die Versuche des Kölner Regierungspräsidenten, Verwaltung und Karneval unter einen Hut zu bringen, wie labil das Gleichgewicht zwischen Ordnung und Wildheit ist. Wenn er seine Belegschaft auffordern muss, beim angeordneten Über-die-Stränge-Schlagen doch bitte nicht über die Stränge zu schlagen, dann offenbart sich das Wesen der Verwaltungskultur in einer Extremsituation. Im Grunde seines Herzens ist der brave, angepasste Beamte – wenigstens einmal im Jahr – ein Anarch, ein Wilder, ein sinnenfreudiger Mensch wie Du und ich.

Wie schön, wenn die Behördenspitze ihm die Anweisung erteilt, an diesem einen Tage der Stimme seines Herzens, seiner Triebe und Begierden zu folgen und die Anarchie herrschen zu lassen – schön *ordentlich,* versteht sich. Um Punkt 11.30 Uhr begeben sich die entsprechend kostümierten Beamten ohne Hast und auf den vorgeschriebenen Wegen an die ihnen per Runderlass zum Äußern zügelloser Lebensfreude und volkstümlicher Narrenbräuche zugewiesenen Plätze ... In der ersten Reihe sitzt, leutselig lächelnd, der Herr RP selbst, dem seine Chefsekretärin rasch noch mit dem Lippenstift ein Herz auf beide Wangen gemalt hat ... Helau, Helau...

Das Wiehern des Amtsschimmels

Eigentlich kann der Amtsschimmel weder wiehern, noch traben, noch ausschlagen. Ursprünglich ist nämlich mit diesem Wort kein Pferd gemeint, sondern der Schimmel, der sich auf Akten bildet, die in feuchten Räumen lange Zeit unbearbeitet liegen bleiben. Wenn man aber heute vom Amtsschimmel redet, meint man den merkwürdigen Gang, den die Dinge in der Bürokratie nun einmal gehen. Und man will damit sagen, dass es dabei nicht mit Logik und gesundem Menschenverstand zugeht, sondern nach Regeln, die dem normalen Menschen unverständlich sind und die auch mit dem Leben außerhalb der Amtsstuben nichts zu tun haben. Und in der Tat karikiert sich die Bürokratie häufig genug selbst, indem sie bestehende Regeln ohne Sinn und Vernunft stur nach Vorschrift anwendet. Dass die Wege des Amtsschimmels für den Menschen draußen oft nicht nachzuverfolgen sind, liegt am Legalitätsprinzip, am Prinzip der Rechtsstaatlichkeit. Dieses wiederum ist Teil unseres Demokratie*modells*.

Wenn Studierende der Betriebswirtschaftslehre etwas über Geschäfts*modelle* lernen, dann lernen sie auch, dass zwischen dem *Modell* und der wirtschaftlichen Realität ein enormer Unterschied bestehen kann. Mitunter geht diese Diskrepanz so weit, dass Unternehmen auch Konkurs anmelden, bankrottgehen. Wollten wir diese Analogie auf das Demokratiemodell projizieren, dann bemerken wir, dass Demokratien, jedenfalls diejenigen westlicher Provenienz, nicht so schnell pleitegehen können; allerdings unter den jeweiligen historischen Bedingungen eine stets unterschiedliche Form annehmen – Formen, die wir genauer und in Anlehnung an Alfred Sohn-Rethel (2018) „Formbestimmtheiten" nennen wollen.

Man könnte diese Abweichungen auch als Anomalien gegenüber dem generischen Modell oder epigenetische Mutationen bezeichnen. Wir wollen sie, neutralisierend, ehr als die „historische Formbestimmtheit" eines Demokratiemodells begreifen, das in der zweiten Republik Deutschlands unter anderem dadurch gekennzeichnet ist, dass es neben einem *weltweit in seiner Struk-*

tur einzigartigen Berufsbeamtentum[30] mit einer ausgeprägten Verrechtlichung aller gesellschaftlichen Sphären gekennzeichnet ist. So vergeht seit mehr als 60 Jahren kein Wahlkampf, in dem Politiker nicht „weniger Bürokratie" und „unbürokratische Lösungen" für bestehende Probleme versprechen. *Wer ein unwürdiges Beispiel für politische Versprechungen und die Lösungen der Bürokratie sucht, der sei auf die Berichterstattung der Süddeutschen Zeitung „Ein Jahr danach" (SZ v. 15.07.22) über die Jahrhundertkatastrophe an der Ahr verwiesen.*[31]

Im Grunde sind solche Sprechblasen, die dem politischen Stimmenfang dienen, nicht nur unglaubwürdig, sondern sie sind auch objektiv, vom Wesen unseres Demokratie-modells ausgehend, nicht realisierbar. Sicher, man kann das ein oder andere Formular zügiger durchreichen, wichtig ist jedoch, dass der häufig über den Dienstweg definierte Rechtsweg eingehalten wird. Der gleiche Bürger, der jetzt die schnelle, unbürokratisches Behandlung seines Falles einfordert, ist auch der Bürger, dem auf der anderen Seite auch die Möglichkeit gegeben werden muss, gegen die Entscheidung seines Falles Einspruch, Widerspruch einzulegen, das Rechtsmittel zu nutzen.

In der populistischen Forderung nach „weniger Bürokratie" wird der Widerspruch, der im Demokratiemodell angelegte Antagonismus, vernebelt. Die Politiker bedienen sich zumeist emotionsbasierten Versprechungen, mitunter wohlmeinend, die nicht eingehalten werden können, nicht eingehalten werden dürfen. Auch Spenden bedürfen der gesetzlich geregelten bürokratischen Verwaltung.

Schließlich haben es die gedanklichen Schöpfer des Demokratiemodells (von Herodot bis Locke) Montesquieu überlassen, einen Garanten, einen Wächter für den Bestand dieses Modells zu integrieren: die Judikative. Sie wacht darüber, dass der grundgesetzlich definierte Rahmen dieses Rechtsstaatsprinzips nicht verletzt wird. Der einzelne Beamte ist diesem Modell eigentlich mit Haut und Haaren verpflichtet. Er ist, anders als der Mitarbeiter in Unternehmen, in hochgradig verrechtliche Strukturen eingebunden, die seinem Handeln ein ziemlich enges Korsett anlegen.

[30] Natürlich gibt es auch in anderen europäischen und außereuropäischen Ländern einen „öffentlichen Dienst". Die strukturellen Eigentümlichkeiten des in militärischer, wilhelminisch-feudalistischer deutschert Tradition stehenden deutschen Berufsbeamtentums (mit Laufbahnverordnung etc. vgl. Seite 17) sind einmalig: weltweit.

[31] *https://www.sueddeutsche.de/politik/flut-ahrtal-nrw-rheinland-pfalz-hilfen-1.5619252*

Legalität versus Opportunität oder: Loyalität versus Kompetenz?

Jede Entscheidung muss nach Recht und Gesetz gefällt werden. Da gibt es notwendigerweise Grenzfälle, wo eine abweichende Entscheidung sicherlich vernünftiger wäre. Sie kann aber nicht gefällt werden, weil sonst der Willkür – dem politischen Opportunitätsprinzip – Tor und Tor geöffnet wäre.

Jeder, der etwas mit Verwaltung zu tun hat, weiß auch, dass das Legalitätsprinzip – als unaufhebbare Grundlage allen Verwaltungshandelns – nicht streng durchgeführt wird, nicht streng durchgeführt werden kann. Das liegt daran, dass in den Gesetzen eben nicht die ewige Vernunft ihren Niederschlag gefunden hat, sondern dass alle Gesetze aufgrund wechselnder Mehrheiten mehr oder weniger qualifizierter Parlamente entstanden sind, die sich auf mehr oder weniger interessierte Expertenentwürfe und Lobbyeinflüsse stützen. Gesetze sind in jedem Fall – historisch eingegrenzte – Kompromisse zwischen widerstreitenden Interessen.

Und außerdem kann auch das beste Gesetz nicht jeden Einzelfall regeln. Neben dem Legalitätsprinzip muss das Opportunitätsprinzip Raum haben. Woran aber misst sich Opportunität? An persönlicher oder politischer Sympathie? Oder etwa daran, wer besser zahlt?

Das Spiegelbild der Opportunität ist der Regelbruch. Oder ist der Begriff Opportunität nur ein Euphemismus, der das Skandalöse am Regelbruch beschönigen soll? Richtig ist, dass es nicht trotz, sondern gerade wegen des Legalitätsprinzips eine *Kultur der Regelabweichung* gibt. Stefan Kühl hat sich mit seinem Titel „Brauchbare Illegalität. Vom Nutzen des Regelbruchs in Organisationen“ Verdienste um dieses Thema erworben. Für ihn steht fest, dass Regelabweichungen „ein zentraler Teil der Kultur von Organisationen“ sind[32]. Da Kühl sich mit der Kultur den Organisationen im Allgemeinen und nicht so sehr mit der Beamtenkultur im Öffentlichen Dienst befasst hat, gibt es bei

[32] Kühl (2020, S. 167 ff.)

ihm wenig Auskünfte darüber, wie die Balance zwischen Legalität und Opportunität im beamteten System gehandhabt wird.

Wir dürfen jedoch unterstellen, dass es im Allgemeinen keine *elementaren* Regelabweichungen gibt. Der Beamte ist kein Gesetzesbrecher; was natürlich keine besondere Charaktereigenschaft oder ähnliches ist, sondern der Tatsache geschuldet ist, dass der risikoscheue Beamte beim massiven Regelbruch Risiken einzugehen gezwungen wäre. Was er/sie in diesem engen Spannungsfeld von Regeleinhaltung – und Abweichung, dem Abwägen von Legalität und Opportunität, tut und tun kann: die Freiräume und Interpretationsmöglichkeiten so zu nutzen, wie der größte Teil der unzeitgemäßen Gesetze es nun mal anbieten. Dabei bilden sich Muster heraus, die hausintern auch bekannt sind *(unter §.... versteht der Gesetzgeber)* und die, solange noch keine Bürger dagegen klagt, dazu genutzt werden, die Funktionsfähigkeit der Organisation zu gewährleisten.

Cui bono? Für wen ist es ein Nutzen, wenn in der Organisation Regelabweichungen die Kultur prägen? Für den einzelnen Beamten, der darin seinen Vorteil sucht? Für die Organisation, dass sie einfach nur funktioniert? Oder für den Bürger, der die Organisation nur von der „Schau-Seite" betrachtend, in ihrem regelabweichenden Handeln so gar nicht erkennen kann? Auffällig ist jedenfalls, dass die Regelungsdichte und der Bürokratisierungsgrad entscheidend dafür sind, welches Ausmaß die Regelabweichungen einnehmen. Gelegentlich wird dabei die Balance zwischen Legalität und Opportunität aus dem Gleichgewicht gebracht. Wenn die Leitung einer Behörde oder eines Ministeriums bemerken, dass dies der Fall ist, werden, was modern ist und der Unternehmenswelt abgeschaut wurde, sogenannte Compliance-Abteilungen einrichtet.

Spätestens an dieser Stelle sollte der im Demokratiemodell vorgesehene mündige Citoyen wach werden und sich die Frage stellen, was läuft eigentlich in unserem Modell falsch, dass wir solch eine institutionelle Heuchelei benötigen?

Auch wenn wir bereits darauf hingewiesen haben, dass der Beamte sich in der Regel ans Gesetz hält und kein Gesetzesbrecher ist, wird niemand leugnen, dass es auch das gibt: Da werden in Stuttgart gegen Geld Aufenthaltsgenehmigungen an Zugewanderte vergeben, in Berlin haben Politiker und

Beamte gegen Geld Baugenehmigungen erteilt. Von der illegalen Finanzierung der Banken und reicher Mitbürger im sogenannten Cum-Ex Skandal haben Dutzende von Finanzbeamten und Politiker lange gewusst, bevor dieses Treiben öffentlich aufflog – aber, es war ja politisch opportun, dies nicht rechtzeitig anzuzeigen. Die beiden Prinzipien widerstreiten sich also ständig: Das Legalitätsprinzip, konsequent angewandt, lautet „Fiat justitia, pereat mundus" – Recht und Ordnung müssen gewahrt bleiben, und wenn die Welt dabei zugrunde geht.

Das Gegenteil, das Opportunitätsprinzip, lässt Raum für Inkompetenz, Willkür und Einflussnahme. Sicher ist es sinnvoll, dass das Legalitätsprinzip herrscht. Aber es bedeutet auch, um mit Erich Kästner zu reden: „Wem Gott ein Amt gibt, dem raubt er den Verstand".

Denn der individuelle Verstand soll ja in der Tat in der Verwaltung hinter der strikten Anwendung von Vorschriften zurückgestellt werden. Zwei Typen des Beamten in der Karikatur ergeben sich auch aus diesem Gegensatzpaar: der Paragraphenreiter, der blutleere, sture und dumme, stets nach Prinzipien handelnde Legalitäts-Huber, und der gefällige, gewandte, schmierige und käufliche Opportunist (s. Abb. 17).

Beide kommen in der Wirklichkeit so nicht vor, wohl aber in überzeichnenden Witzen und Karikaturen. Gibt es Gegnerschaft oder gar Feindseligkeiten, wird über den ein oder anderen Mitarbeitenden gelästert, dann werden stets diese Stereotypen bemüht. Man wirft sich Züge des Opportunismus oder Züge der Paragrafenreiterei vor. Zwei Beispiele für Paragraphenreiterei *(Katalog „Vom Amtsleben"* (1984, S.70):

Beispiel 1: „In Paragraph 2 Absatz 1 und Paragraph 10 Absatz 2 Satz 3 werden das Wort ‚Biers' jeweils durch das Wort ‚Bieres' und in Paragraph 13 das Wort Paragraph 13 das Wort ‚Betriebs' durch das Wort ‚Betriebes' ersetzt."

Beispiel 2: „Diese Kugelstifte sind etwas kürzer als die bisherigen. Sie sind mit den bisherigen Kugelstift-Minen, Stoff-Nr. 80330 und 80336 zu verwenden. In diesen Kugelstiften wird die Mine nicht durch eine Blattfeder in den Schaft, sondern durch festen Sitz des Minenendes in der Farbkappe gehalten. Aus gegebenem Anlass geben wir folgende

RHK Allg. 1

Der Innenminister
des Landes Nordrhein-Westfalen
- Abt.II-A-1/164/48 -

Düsseldorf, den 29.12.1947

An Großverteiler.

Betr.: Korruptionserscheinungen in der öffentlichen Verwaltung.

Die gegenwärtige Not beeinträchtigt in wachsendem Ausmaß die Grundlagen der öffentlichen Ordnung. In dem allgemeinen Niedergang unserer Zeit ist der Beamte und öffentlich Angestellte in seiner Unbestechlichkeit das letzte Bollwerk eines geordneten Zusammenlebens. Seine wirtschaftlichen Grundlagen sind aber auf das Stärkste erschüttert, z.T. ist der öffentlich Bedienstete in den Mitteln der Lebenserhaltung unter den Stand der Handarbeiter gedrückt. Daher ist auch erklärlich, daß Korruptionserscheinungen auftreten. Unausweichlich steht dennoch vor dem Beamten und dem Angestellten der öffentlichen Verwaltung die Aufgabe, nicht in den Strudel des gegenwärtigen Verfalls zu geraten, sondern durch die Sauberkeit seiner Amtsführung dem moralischen Zusammenbruch unserer Zeit die Würde einer bewußten Arbeit für die Gemeinschaft entgegenzusetzen.

Die Aufgabe der Beamten und öffentlich Angestellten ist damit gegenwärtig von besonderer Bedeutung; Verfehlungen hiergegen erfordern aus den Reihen der besonnenen Behördenangehörigen gemeinschaftsbewußte Arbeit und von den Behördenchefs eine verschärfte Handhabung ihrer Dienstaufsicht.

Im Einvernehmen mit dem Herrn Staatskommissar zur Bekämpfung von Korruption und Mißwirtschaft ordne ich daher folgendes an:

I. Jeder Beamte und Angestellte der öffentlichen Verwaltung ist verpflichtet, in allen Angelegenheiten, die mit seinem Dienst auch nur im geringen zusammenhängen, die Erlangung persönlicher Vorteile - selbst dem Anschein nach - zu vermeiden. Verstöße hiergegen sind als Dienstpflichtverletzungen zu prüfen.
Die Annahme von Geschenken oder anderen Zuwendungen für eine amtliche an sich nicht pflichtwidrige Handlung ist ebenso verboten, wie jedwede Verletzung einer Amts- oder Dienstpflicht (§§ 331, 332 RStGB u. § 16 DBG sowie § 5 TO.A.).
Geschenke im Sinne dieser Vorschriften sind alle persönlichen Vorteile, auf die der Behördenangestellte und Beamte kein Anrecht hat, z.B. Geld, Waren, Einladungen zu Mahlzeiten, "zu einer Flasche Wein", zu "einem Glase Bier", Autofahrten, Gewährung von Quartier und von freier (oder besonders billiger) Verpflegung, Dienstleistungen jeder Art, auch wenn sie im Auftrage des Schenkers von anderen ausgeführt werden. Auch sog. "Gefälligkeiten" darf der Behördenbedienstete keinesfalls von Personen annehmen, denen gegenüber er dienstliche Belange zu wahren hat, und zwar auch dann nicht, wenn weder von ihm noch von der gebenden Seite ein Abgehen von den dienstlichen Bestimmungen beabsichtigt oder erwartet wird.

- 2 -

Abb.17: 29.12.1947, Der Innenminister des Landes Nordrhein-Westfalen

Hinweise für den Minenwechsel:

1. Alte Mine herausziehen (die Farbkappe sitzt dann lose im Schaft und kann herausfallen!)
2. Farbkappe vom Schaft abnehmen
3. Neue Mine in den Schaft stecken
4. Farbkappe aufstecken, wobei die Spitze der Mine auf eine Unterlage aufzusetzen ist. Sollten bei der Beachtung dieser Hinweise dennoch Schwierigkeiten mit den neuen Kugelstiften auftreten, bitten wir, dieses der örtlichen zuständigen Drucksachenverwaltung schriftlich zu melden.

Beides muss man immer sehen: Bürokratie ist die notwendige Folge des rechtsstaatlichen Prinzips, in dem immer alles genauestens geregelt sein muss, damit jeder zu seinem Recht kommt. Bürokratie ist aber auch Ausdruck dessen, dass der konkrete Mensch, der Bürger, der Einzelfall in der Verwaltung nicht vorkommt, dass es korrekt, aber nicht menschlich zugeht. Die Politiker wissen dies eigentlich sehr genau, wenn, wie oben bereits geschildert, sie anlässlich von Unglücksfällen versprechen, den Betroffenen „schnell und unbürokratisch" Hilfe zukommen zu lassen. In solchen Fällen ist Vorsicht geboten!

Meist ist ein Rechtsanspruch sicherer als ein Geschenk. Andererseits ist die Kritik, die sich im Versprechen schneller und unbürokratischer Hilfe ausdrückt, auch nur zu berechtigt. Denn Bürokratie ist zur Bewältigung von Unfällen, also von nicht in Gesetzen festgelegten Situationen, ihrem Wesen nach nicht ausgerüstet,

Vielleicht ist die Ansicht, die Welt ließe sich verwalten, der Grundirrtum, über dessen Unrealisierbarkeit die Verwaltungskultur hinwegtäuschen soll. Im Normalfall ist Verwaltung jedenfalls weniger notwendig als sie sich selbst einbildet, geriert. Wenn sie nicht funktioniert, fällt das kaum auf. Und im Ausnahmefall/ Notfall gibt es eh nichts mehr zu verwalten.

Das Irreguläre entzieht sich der Regelung. Diese ketzerischen Ansichten scheinen jedenfalls den üblichen Scherzen über den Amtsschimmel zugrunde zu liegen. Man kann alle Beamtenwitze in zwei Sätzen zusammenfassen: Der Amtsschimmel ist im Trott langsam und faul. Wird er aber auf Trab gebracht, vergaloppiert er sich schnell. Die nachfolgend abgebildeten zwei Dokumente sind keine etwa von Reinhard Mey geschaffene Parodien oder Karikaturen, sondern echte, dem Archiv des Kölner Regierungspräsidenten entnommenen Dokumente *(s. Katalog „Vom Amtsleben", 1984, S. 69 und S. 70).* Es ist so: Die Realität schreibt die besten Satiren.

> Für die Einrichtung eines Essenszuschusses von 1,– DM sind folgende Schritte notwendig:
>
> 1. Entwurf der Richtlinien und deren Bekanntmachung an alle Dienststellen.
> 2. Veröffentlichung der Richtlinien im Ministerialblatt.
> 3. Auswertung und Bekanntmachung der Richtlinien an jeden Bediensteten und bei jeder Dienststelle.
> 4. Herstellung der Antragsformulare.
> 5. Registrierung der Bediensteten.
> 6. Prüfung jedes einzelnen Antrages durch den Dienststellenleiter, ob die Anspruchsvoraussetzung vorliegen.
> 7. Herstellung der Bescheids Formulare nach zwei Mustern.
> 8. Bescheid auf jeden Antrag durch den örtlichen Dienststellenleiter.
> 9. Verhandlung des Dienststellenleiters mit dem Personalrat.
> 10. Verhandlung des Dienststellenleiters mit Kantinen und Gaststätten.
> 11. Nachträgliche Prüfung, ob die Anspruchsvoraussetzungen an allen Tagen gegeben waren.
> 12. Herstellung der Gutscheine.
> 13. Ausgabe der Gutscheine an jeden Bediensteten.
> 14. Führung von Listen über die monatlich ausgegebenen und zurückgegebenen Gutscheine.
> 15. Monatliche Abrechnung mit Kantinen und Gaststätten.
> 16. Überprüfung der Gaststätten, ob vertragliche Vereinbarungen eingehalten werden.
> 17. Aufbewahrung und Bereithaltung aller abgerechneten und zurückgegebenen Gutscheine und Listen für die Rechnungsprüfung.
> 18. Rechnungsprüfung der Gutscheine und Listen.

Abweichend von Paragraph 2 werden bei Schafböcken, die in einem Kreuzungszuchtprogramm als Väter von Endprodukten verwendet werden sollen (Kreuzungszuchtböcke), die Zuchtwertteile Fleischleistung und Zuchtleistung einheitlich für alle Kreuzungszuchtböcke des Kreuzungszuchtprogramms G festgestellt, und zwar der Zuchtwertteil Fleischleistung durch Prüfung einer Stichprobe der Endprodukte und der Zuchtwertteil Zuchtleistung durch Prüfung einer Stichprobe der Mütter von Endprodukten des Kreuzungszuchtprogramms. Der Zuchtwertteil Fleischleistung umfasst mindestens die Leistungsmerkmale Gewichtszunahme, Verluste während der Mast und Fleischanteil, der Zuchtwertanteil Zuchtleistung mindestens die Leistungsmerkmale Anzahl der geborenen Anzahl der aufgezogenen Lämmer.

Um eine vergleichbare Verteilung der festgestellten Indexwerte zu erreichen, wird festgelegt, daß ein Eber, der für die Kombination „Eigenleistung in Feldprüfung und zweier seiner Vollgeschwister" in seinem Zuchtwertteil Fleischleistung 1,0 Standardabweichung über dem Populationsdurchschnitt liegt, 20 Punkte erhält (Anlage 2 Nr. 1.3.3). Zur Vermeidung des Rechnens im negativen Zahlenbereich wird ein Wert von 100 Punkten vorgegeben ...

Der diskrete Charme der Bürokratie

Ohne Zweifel: Den alten preußischen Beamten, der das Publikum im Kasernenton anschnarrte, gibt es so gut wie gar nicht mehr, ebenso wie auch der dem österreichischen Beamtentum nachgesagte *„Faschismus, gemildert durch Schlamperei"* sicher ausgestorben ist.

Haben wir also jetzt eine bürgernahe Verwaltung? Eine Verwaltung, die in Analogie zum Marktgeschehen in der Wirtschaft den Bürger als „Kunden" betrachten darf? Auch wenn dieser Sprachgebrauch aktuell in einigen Verwaltungsbereichen üblich geworden ist, sollte nicht übersehen werden, dass Unternehmen, die den Menschen als Kunden betrachten, nur dann erfolgreich sind, wenn sie mit Ihren Produkten Bedürfnisse der Menschen erreichen, wecken oder erfüllen können. All diese Sachverhalte treffen in der öffentlichen Verwaltung in der Regel nicht zu. Hier ist der Mensch ein Bürger, der auch im Sinne des Demokratiemodells Ansprüche geltend machen kann.

Haben die seit Jahrzehnten betriebenen Versuche, das publikumsbezogene Verwaltungshandeln durch etliche Reformen oder Reförmchen, durch Fortbildung und Psycho-Training bürgerfreundlicher zu gestalten, Erfolg gehabt? Oder hat nur ein oberflächliches „Charme-Training" stattgefunden, das nur verschleiert, dass Verwaltung noch so bürgerfern ist wie immer? Verteidiger von Reformen und Fortbildung glauben, auf Erfolge verweisen zu können: Die von zeitgemäßen Verhaltensanpassungen und Einstellungsänderungen geprägten Umgangsformen hätten den Publikumsverkehr vielfach entspannt, die Beamten seien höflicher und verständnisvoller geworden. Dies werde auch durch größere Zufriedenheit des Publikums mit der öffentlichen Verwaltung bescheinigt.[33]

Kritiker leugnen die Veränderungen nicht, suchen ihre Gründe aber anderswo. Sie verweisen auf Problembereiche, die von den bisherigen Reformen und der Fortbildung theoretisch und praktisch nicht erfasst wurden, möglicherweise nicht erfasst werden können: strukturelle Themen, die als Grund-

[33] Kühnhenrich (2021)

lage kultureller Entwicklungen anzusehen sind. Die auf mehr Effizienz ausgelegten Bemühungen im Rahmen der kommunalen Verwaltung, die sogenannten „Neuen Steuerungsmodelle"(NSM), haben strukturell nichts verändert, die „heilige Kuh", das Beamtenrecht, nicht angetastet

Der Staat: ein fataler Irrtum

In der Interaktion zwischen dem Beamten/Angestellten und dem Publikum geht es nicht einfach um Interaktion zwischen Menschen, sondern auf der einen Seite steht der Staat, auf der anderen Seite der machtlose Klient. Verwaltungshandeln ist immer staatliches Handeln. Es gibt viele, sehr unterschiedliche Staatstheorien. Die kürzeste besteht aus vier Silben (L'etat c'est moi, Der Staat bin ich), die längeren füllen viele Bände. Ob der Staat den Krieg aller gegen alle beenden soll (Hobbes), ob er der allgemeine Wille (Rousseau) sein soll oder die Wirklichkeit der sittlichen Idee (Hegel) oder ein Ausschuss, der die gemeinsamen Geschäfte der gesamten Kapitalistenklasse betreibt (Marx) oder die Diktatur jeweils einer Klasse über die anderen (Lenin): In einem sind sich alle Staatstheorien einig (und die anarchistischen Staatstheorien lehnen den Staat als solchen ja genau deswegen ab) – und das ist der Gedanke, dass der einzelne Bürger durch den Staat gezwungen wird, auf die Durchsetzung seiner Interessen *„auf eigene Faust“* zu verzichten, weil im staatlichen Handeln das gemeinsame Interesse einer Gemeinschaft, der „volonté general“ durchgesetzt wird, dem gegenüber das Privatinteresse zurückstehen muss.

In unserem staatlichen System wird das gemeinsame Interesse des ganzen Volkes, vertreten durch die Parlamente, im Handeln dieser Parlamente verwirklicht gesehen, also in den Gesetzen. Auf diese Anschauung, den Kerngedanken der freiheitlich-demokratischen Grundordnung, werden die Beamten vereidigt, und deshalb muss jeder Verwaltungsakt eine rechtliche Grundlage haben. Und selbst wenn eine Verwaltungsangestellte den PC bei Dienstschluss abdeckt, wofür es eine legal zustande gekommene Verwaltungsanweisung gibt, handelt sie im Namen des ganzen Volkes bzw. des Staates.

Öffentliche Verwaltung ist daher eigentlich nicht für den Bürger da. Ganz im Gegenteil, sie ist gegen den einzelnen Bürger, denn sie vertritt gegenüber den Ansprüchen des Einzelnen die Interessen der Gesamtheit, vertreten durch Staat und Gesetze. Nun wäre es lebensfremd, wenn wir ignorieren würden, dass – durch Vermögen und Einfluss – nicht alle Menschen vor dem Gesetz gleich sind. In dieser Hinsicht erlebt die aktuelle Formbestimmtheit unseres Demokratiemodells Deformationen, die dazu beitragen, dass der Citoyen geneigt ist, die Systemfrage zu stellen… was sich u.a. im kritischen Wahlverhalten äußert.

Selbst wenn ein Antrag positiv beschieden wird, z.B. eine Fahrerlaubnis erteilt wird, heißt das ja: Kfz-Fahren ist verboten; Ausnahmen werden nach Ablegen einer Prüfung gestattet, deren Inhalte staatlich festgelegt sind. Verwaltungshandeln dient also ausdrücklich und zunächst einmal nicht dazu, dem Bürger zu seinem Recht zu verhelfen, sondern das Recht gegenüber dem einzelnen Bürger durchzusetzen.

Das gilt auch dann, wenn eine vom einzelnen Bürger als positiv empfundene Maßnahme, zum Beispiel, um es in der Sprache der Bürokratie zu formulieren, wenn „die Gewährung eines Zuschusses erfolgt". Aus einem durch Gesetz festgelegten Gesamtbudget, erwirtschaftet durch den Steuerzahler, werden weitergehende Ansprüche des *Einzelnen* als die ihm zugeteilten Mittel abgewehrt. Es wird eben „gewährt".

Bürgernahe Verwaltung?

In der Interaktion in den Amtsstuben findet keine Diskussion auf gleichem Niveau statt, sondern das Alltagswissen des Klienten stößt auf ein spezialisiertes Besser-Wissen. Beamte lassen sich normalerweise nicht überreden und kaum überzeugen. Sie sind nicht nur an feste Regeln gebunden, sondern sie kennen diese Regeln auch besser als der Bürger. Sie sind nicht nur darin ausgebildet, sondern sie sind auch eingearbeitet: Sie haben Fachwissen und Dienstwissen, d.h. der Bürger mit seinem scheinbar ganz speziellen persönlichen Anliegen wird bei ihnen zu einem Fall unter vielen ähnlichen, die sie alltäglich und nach immer denselben Verfahrensweisen erledigen.

Es ist zu verstehen, dass ein Beamter ärgerlich wird, wenn da dauernd „Bürger" kommen, die glauben, sie müssten ihr persönliches Problem breit schildern, wo es sich doch nur um einen alltäglichen Fall nach § 348 des SWOG handelt. Zudem beherrscht der Bürger im Allgemeinen die Fachsprache nicht, in der doch alles so klar und eindeutig ist, stellt dumme Fragen, versucht nach Regeln zu argumentieren, die zeigen, dass er keine Ahnung hat, wie das hier in der Verwaltung läuft, und ist in jeder Hinsicht lästig, stört den Betrieb.

In der Regel und besonders in den sensibelsten und konfliktreichsten Bereichen, wie etwa der Sozialverwaltung, hat der Verwaltungsangehörige eine höhere soziale Position inne als der „Bürger".

Die Angehörigen der Bürokratie bilden heute keine Kaste, keinen Staat im Staat mehr. Was vor einigen Jahrzehnten noch anders war: In Wilhelminischer Zeit, also bis nach dem ersten Weltkrieg, durften nur Adelige Beamte werden. Erst mit der Weimarer Verfassung wurde erstmalig festgelegt, dass auch *jeder* Deutsche Beamter werden kann.

Eine Kaste, die ihren Nachwuchs aus sich selbst rekrutiert und nur mit ihresgleichen verkehrt, gibt es nicht mehr. Andererseits sollte man jedoch nicht glauben, dass sich im heutigen Verwaltungsapparat ein repräsentativer Querschnitt der Bevölkerung befindet. In anderer Hinsicht reproduziert sich auch dieses System immer wieder aus sich selbst: der geforderte Schulabschluss,

Eignungstest, Probezeiten etc. Angehörige der öffentlichen Verwaltung suchen sich Menschen aus, von denen sie meinen, dass sie in die Verwaltungskultur eingepasst werden können.

Als der SPIEGEL (18.08.1986) vor einem Vierteljahrhundert formulierte, „Beamte lieben die Sicherheit, das Festeinkommen, ihre Unkündbarkeit. Sie scheuen die Verantwortung und schnelle Entscheidungen“, da hatte dieses Magazin im Kern das auch heute noch gültige Rekrutierungsprinzip der Öffentlichen Verwaltung exakt beschrieben. Innovative, kreative und risikofreudige Menschen sind in der Verwaltung nur selten zu finden.

Obschon es in der bundesdeutschen Verwaltung eine ganze Reihe von Bemühungen gab, eindimensionale kosmetische Veränderungen zu bewirken, ist die ausgesprochen hierarchische und Laufbahn geprägte Ordnung immer noch stabil.

Beamtenstolz oder gar -dünkel sind fast ausgestorben. Das hat weniger mit Verhaltens- und Einstellungsänderungen durch Psycho-Training und Ausbildungsreformen zu tun, sondern ist vielmehr durch Einstellungsumbrüche in allen Teilen der Gesellschaft, durch den generellen sozialen Wandel, bewirkt worden.

Andererseits gibt es eine enorme Ausweitung der Aufgabenbereiche Öffentlicher Verwaltung. Kurz: Es gibt einfach zu viele Beamte, als dass sie sich als etwas Besonderes fühlen könnten. Zum Vergleich: Vor 170 Jahren, als die preußischen Provinzen Rheinland und Westfalen gegründet wurden, gab es (außer Polizisten und Richtern) in einem Regierungsbezirk insgesamt etwa 70 bis 80 Beamte. Dabei hatten die Bezirksregierungen, relativ gesehen, größere Kompetenzen als heute ein Regierungspräsident: a) besorgten sie die Finanzverwaltung, b) stand über ihnen nur das Ministerium in Berlin, und das war weit weg, c) kommunale Selbstverwaltung gab es kaum, die Bezirksregierungen regierten über die Landräte in jedes Dorf direkt hinein.

Dennoch gehören die Angehörigen der Öffentlichen Verwaltungen auch heute noch deutlich zum privilegierten Teil der Gesellschaft: durch Einkommen, soziale Sicherheit, Sozialprestige, Bildungsstand usw. Dagegen kommen als „Publikum“ vielfach unterprivilegierte Schichten zu den Behörden. Das gilt ganz besonders für den riesigen Bereich der Sozialverwaltungen, Arbeitsämter usw. Selbst zur Kfz-Zulassungsstelle kommen nur diejenigen Kfz-

Halter, denen es zu teuer ist, der Autofirma den Auftrag zu geben. So ist der Behördenmitarbeiter in der Mehrzahl der Fälle dem Vertreter des „Publikums“, dem „Bürger“, sozial überlegen.

Fazit: Verwaltung kann und soll gar nicht bürgernah sein. Was wird durch verhaltensorientierte Fortbildung, durch Psycho-Training erreicht? Kritiker meinen, bestenfalls „So-als-ob-Verhaltenstechniken“ (s. Abb. 18, 19, 20 mit Beispielen für Verhaltensvorschläge). Vielleicht ist das auch das Ziel von verhaltensorientierten Fortbildungsmaßnahmen: Der Bürger schluckt die bittere Pille verzuckert lieber ... Andere Kritiker meinen, es wäre wichtiger, die Bürger fortzubilden, damit sie die Bürokratie besser durchschauen lernen, so dass Öffentliche Verwaltung öffentlich wird. Denn Intransparenz ist bislang eines ihre Kernmerkmale. Übrigens: Bürgernahe Fortbildung ist so alt wie die Verwaltung selbst – ein menschliches Thema?[34]

[34] Vgl. Harari (2015)

Der Regierungspräsident   Köln, den 17. März 1950

R. H. K.

An
alle Geschäftskreise
im Hause

Heute vor drei Jahren wurde ich durch den Herrn Innenminister in das Amt des Regierungspräsidenten des Regierungsbezirkes Köln eingeführt. Damals habe ich u.a. zwei Grundgedanken zum Ausdruck gebracht: Einmal, dass ich von dem besten Vorsatz erfüllt sei, allen ein gerechter Vorgesetzter zu sein und zum anderen, von niemanden etwas zu verlangen, was ich nicht vorher von mir selbst mindestens dreimal verlangt hätte. Ich hoffe, dass ich diese beiden Grundsätze in den vergangenen drei Jahren gemeinsamer Arbeit in die Tat umgesetzt habe. Ich habe mir keine Hofkamarilla zugelegt, noch einen Unterschied gemacht zwischen hoch und niedrig auch innerhalb meiner Belegschaft. So soll es auch in Zukunft bleiben. Wo gehobelt wird, da fallen Späne. Wenn ich in unserem energischen Arbeitstempo den einen oder anderen einmal ein wenig hart angefasst haben sollte, so soll das niemand tragisch nehmen. Ein offenes ehrliches Wort ist im Leben immer tausendmal besser als ein chinesisches Lächeln und eine freundliche Fassade, hinter der sich eine unfreundliche Gesinnung verbirgt. Jeder meiner Mitarbeiter und Mitarbeiterinnen mag überzeugt sein davon, dass anständige Gesinnung und Leistung allein der Maßstab der Wertschätzung gegenüber jedem Einzelnen sein und bleiben werden.

Allen meinen Mitarbeitern und Mitarbeiterinnen, die mir in den abgelaufenen drei Jahren treu zur Seite gestanden haben, sage ich am heutigen Tage meinen besonders herzlichen Dank. Wir alle dürfen die stolze Gewissheit haben, dass wir in den drei Jahren gemeinsamer Arbeit ein gutes Stück vorangekommen sind und das Ansehen unserer Behörde gemehrt haben. Jeder Einzelne hat seinen Anteil daran. Lasst uns auch in den kommenden Jahren so fortfahren.

Dr. Warsch

Abb. 18: Katalog „Vom Amtsleben" (1984, S. 74)

Abschrift

Der Innenminister
des Landes Nordrhein-Westfalen
- I - 150 Nr. 2611/49 -

Düsseldorf, den 28. Dez. 1949.

An die
Herren Regierungspräsidenten
in K ö l n pp.

Betr.: Verbotstafeln.

Die Presse weist darauf hin, daß die deutschen Verbotstafeln immer noch an das "Deutschland der Verbote" erinnern, indem sie z.B. die Aufschrift tragen: "Das Betreten des Rasens ist verboten" oder "Rauchen verboten", während in Amerika die entsprechenden Tafeln etwa lauten: "Bitte, helfen Sie uns, einen Rasen zu züchten" oder "Bitte, rauchen Sie hier nicht." Der Unterschied liegt darin, daß Deutschland die negative Verbotsform wählt, Amerika die Form der Bitte um positive Mithilfe vorzieht.

Es wird angeregt, auch bei uns den letzteren Weg einzuschlagen; und ich bitte, in diesem Sinne auf die Ihnen nachgeordneten Behörden und kommunalen Verwaltungen einzuwirken.

In Vertretung:
gez. Dr. Rombach.

- - - -

Der Regierungspräsident
I P - 0201 -

K ö l n, den 10. Januar 1950.

R. H. K.

An

a) die nachgeordneten Behörden des Bezirks,
b) die Geschäftskreise im H a u s e.

Abschrift übersende ich zur Kenntnis und besonderen Beachtung.

In Vertretung:
gez. Collenbusch

Beglaubigt:
Scheufler
Reg.-Angest.

Abb. 19: Katalog „Vom Amtsleben" (1984, S. 75)

Der Ministerpräsident
des Landes Nordrhein-Westfalen
In - Dr.V./Sch. -

Düsseldorf, den 4. März 1947

An Großverteiler.

Betrifft: Umgangsformen im amtlichen Verkehr.

Der Übergang zum Volksstaat muß sich auch in der Art und Weise ausprägen, in der der schriftliche und mündliche Verkehr der Behörden mit der Bevölkerung sich vollzieht. Es ist in der gegenwärtigen Situation der begrenzten Möglichkeiten, zu helfen, nicht zu vermeiden, daß Tag um Tag zahllose Entscheidungen ablehnenden Inhalts ergehen müssen, die mit großen Härten für die Beteiligten verbunden sind. Diese Härten lassen sich mildern, wenn aus der Fassung der ablehnenden Schreiben hervorgeht, daß der Beamte persönlich ein menschliches Interesse und Verständnis für die Lage des Empfängers hat und es bedauert, daß keine günstigere Entscheidung gewählt werden konnte. Kleine Zusätze wie "leider" oder "ich bedaure" werden wohltuend empfunden.

Umgekehrt ist häufig noch in amtlichen Schreiben der Gebrauch von Wendungen wie "Ich ersuche Sie", "Sie werden aufgefordert", "Sie wollen" usw. festzustellen. Solche durchaus unnötigen Bemerkungen werden mit Recht als unfreundlich angesehen und tragen nicht dazu bei, den Beamtenstand volkstümlich werden zu lassen. Statt dieser Bemerkungen sollte man etwa sagen: "Sie werden gebeten", Ich bitte" usw.

Auch im persönlichen Umgang mit dem Publikum mag der Beamte bedenken, daß er für den Staatsbürger, nicht der Staatsbürger für ihn da ist. Leider ist bei vielen Beamten noch die Einstellung vorhanden, daß sie im wesentlichen nur zu befehlen hätten und die Bevölkerung nur zu gehorchen habe. Der alte Kasernenhofton und Kommißgeist sind noch weitgehend verbreitet. Soll das Beamtentum vom Vertrauen und der Wertschätzung des Volkes, auf die es heute mehr denn je angewiesen ist, getragen werden, so ist es notwendig, daß besonders im persönlichen Umgang Höflichkeit und Zuvorkommenheit in jeder Hinsicht die Regel bilden. Damit wird das Beamtentum nicht nur der Bevölkerung, sondern vor allem sich selbst auf die Dauer den besten Dienst erweisen.

gez. Dr.Amelunxen

Der Regierungspräsident
I P 020

Köln, den 22. März 1947

An
a) die nachgeordneten Behörden des Bezirks,
b) die Geschäftskreise im Hause.

Abschrift übersende ich zur Kenntnis und Beachtung.

Den Erlaß bitte ich allen Behördenbediensteten zur Kenntnis zu geben.

In Vertretung:
gez. Schwidden

Beglaubigt:

Abb. 20: Katalog „Vom Amtsleben" (1984, S. 23)

Die Sprache der Zahlen

Verwaltung gibt es seit etwa 5.000 Jahren. Die ältesten erhaltenen Verwaltungsakten, sumerische Keilschriftentäfelchen, enthalten Angaben über die Inhalte der königlichen Vorratskammern und über Landbesitz. Geld spielte noch keine Rolle, der Reichtum wurde in Gebrauchsgütern gemessen. So sind die Angaben über Zu- und Abgänge in den Vorratskammern als Vorläufer einer Finanzverwaltung und des Fiskus aufzufassen, denn die Vorräte an Korn und Öl waren ja von den Erzeugern beigetrieben worden. Auch das Katasterwesen war im alten Sumer ebenso wie im alten Ägypten schon ausgebildet. Verwaltung ist ihrem Wesen nach Datenverarbeitung.[35]

Genauer gesagt: Da es kein kostenneutrales Tätigwerden von Verwaltung gibt, ist Öffentliche Verwaltung unter anderem ein Verschiebebahnhof für öffentliche Gelder. Der Staat nimmt über die Erhebung von Steuern Gelder ein. Die Politiker als gewählte Repräsentanten der Bevölkerung übernehmen die Neuverteilung dieser Einnahmen – via Verwaltung. Die Tücken dieses Modells liegen einerseits bei der Politik, andererseits bei der Verwaltung.

Schauen wir uns zunächst einmal die Politik an, dann musss uns auffallen, dass die Umverteilung öffentlicher Gelder nicht unter dem Gesichtspunkt von „Gerechtigkeit" oder „Bedürftigkeit" erfolgt (auch, wenn genau das häufiger behauptet wird), sondern vor allen Dingen unter dem Gesichtspunkt der Funktionsfähigkeit des politisch-wirtschaftlichen Systems zu erfolgen hat. „Systemrelevant" ist der Begriff, der in Krisenzeiten immer dann bemüht wird, wenn größere Volumina staatlichen Geldes zur Unterstützung von Konzernen und anderen kapitalstarken Organisationen abfließen. Politik hat somit die Aufgabe, die Reproduktionsfähigkeit des politisch-wirtschaftlichen Systems zu gewährleisten, und die liegt nun mal prioritär in der Sicherung der Kapitalverwertung.

[35] Vgl. Harari (2015)

Selbst die sogenannte „Armutsverwaltung"[36], die sich ja auch über eine Vielzahl staatlicher Zuschüsse finanziert, unterliegt diesem Reproduktionsmechanismus, einem systemischen Eigeninteresse: der Angst des Politikers nicht wiedergewählt zu werden und der Angst der gesellschaftlich-privilegierten Akteure vor sozialen Asymmetrien, die zu nicht mehr beherrschbaren Unruhen führen könnten.

Unter diesen Prämissen ist also Verwaltung das Tätigwerden der „Öffentlichen Hand". Auf den Ämtern kommt das häufig so an: „Uns erhöht man die Stütze um 20,– Euro, den Konzernen (Lufthansa, Uniper etc.) wirft man das Geld in den Rachen…". Stereotypien der Einstellung, die es in tausendfachen Variationen gibt und die in den meisten Fällen die Gemütsgrundlage, die emotionale Stimmung in der Begegnung zwischen Bürgern und Mitarbeitenden auf den Ämtern kennzeichnen.

Verwaltungstätigkeit spielt sich vorzugsweise in den beiden Kulturtechniken ab, die der Staat auf dem Wege über die Schulpflicht jedem seiner jungen Bürger beizubringen versucht: Rechnen und Schreiben. Dabei dient das Schreiben häufig nur zur Begründung, zur Rechtfertigung der Zahlen, in denen sich ökonomische Vorgänge spiegeln.

Dies wird oft in der gängigen Kritik an der unschönen Verwaltungssprache, dem „Beamtendeutsch", übersehen. Im Grunde haben alle amtlichen Schreiben denselben Sinn: Eine konkrete Verwaltungsmaßnahme muss erfolgen, weil sie bestimmten Regelungen (Gesetzen, Verordnungen, Erlassen) entspricht. Für Literatur ist da kein Platz. Zwei Sprachen haben das Sagen: die Sprache der Gesetze und die Sprache der Zahlen.

[36] Sozialämter, Arbeitsämter etc.

Veränderungen

Drei Revolutionen hat das Büro in den letzten hundert Jahren erlebt: a) den Einzug der Schreibmaschine – b) im Zusammenhang damit den Einzug der Frau – c) den Einzug der maschinellen Datenverarbeitung: das Internet, die Effektivierung der Verwaltung über Internet-basierte online-Verfahren.

Diese drei Revolutionen sind noch längst nicht abgeschlossen. Im Gegenteil: Man befindet sich erst am Anfang eines Prozesses, in dem – im internationalen Vergleich – die Bundesrepublik Deutschland weit zurück liegt. Elektronische Innovationen vollziehen sich in der Öffentlichen Verwaltung nur „hinkend". Als die herkömmliche Schreibmaschine obsolet war, trat mit der elektronischen Textverarbeitung auch „die Sekretärin" als Tippmamsell und Statussymbol des höheren Dienstes in den Hintergrund. Dennoch, der Einzug der Frau in die unteren Dienstleistungsbereiche der Bürokratie war vollzogen. Kulturell wurde sie in diesen Nachkriegsjahren nicht nur als Arbeitskraft, sondern auch als Atmosphärewert wahrgenommen.

Heute muss man auch im höheren Dienst ohne Sekretarin auskommen, sogenannte Pool-Regelungen, bei denen sich mehrere Führungskräfte eine Schreibkraft teilen, sollen der Verwaltungseffektivierung dienen. Die politischen Leitungsebenen der Behörden hingegen sind nach wie vor mit Sekretariatsunterstützung ausgestattet. Jetzt heißt der Sekretar/die Sekretärin Assistenz bzw. Assistentin.

Nun kann man zwar nicht mehr behaupten, eine Beamtin im höheren Dienst sei mehr die Ausnahme als die Regel. Dennoch ist es richtig, festzustellen, dass das weibliche Geschlecht in den Führungsfunktionen des Öffentlichen Dienstes nach wie vor weitgehend unterrepräsentiert ist.[37]

Datenverarbeitung in den 50er Jahren zeigt eine Sequenz von Jahresabrechnungen des „Bezirksbeschlußausschusses im Regierungsbezirk Köln". Dazu folgende Anmerkungen: Schon im Jahre 1949 war offensichtlich eine Addiermaschine vorhanden, Multiplikationen mussten dagegen schriftlich

[37] Stat. Bundesamt (2022

vorgenommen werden. Für das Jahr 1950 waren die Grunddaten der Bevölkerungszahlen nur ungenau, nämlich auf volle Hunderte aufgrund abgerundet, vorhanden. Dennoch wurden die auszuzahlenden Beträge bis auf acht Stellen hinter dem Komma, das heißt auf hunderttausendste! Pfennig genau ausgerechnet. Im Jahre 1951 wurde bereits eine Rechenmaschine verwendet, die multiplizieren konnte. Der für die Abrechnung verantwortliche Beamte bemerkt dies ausdrücklich, als ob er der Maschine nicht so recht traue. Bei den vorgelegten handschriftlichen Abrechnungen handelt es sich um Reinschriften, denen umfangreiche Berechnungen auf Konzeptpapier, sicher mit vielen Rechenfehlern und mehrfachen Proben, vorausgegangen sein müssen (s. Abb. 21 und Abb. 22).

- 1954 wird der schüchterne Versuch unternommen, wenigstens auf der Einnahmeseite auf volle Markbeträge ab- und aufzurunden. Bei der Auszahlung der Überschüsse war man dennoch wieder auf hunderttausendste! Pfennig genau.
- Im Jahr 1957, als die Jahresabrechnung für 1956 durchgeführt wurde, zur Zeit also, als mit dem ersten Sputnik das Weltraumzeitalter eröffnet wurde, wurden die Rückzahlungsbeträge nur noch auf tausendste! Pfennig genau ausgerechnet.
- Uns scheint, dass ein Gremium wie der Bezirksbeschlussausschuss, der (1949) von 42.000,– DM Gesamteinnahmen, die mindestens zum Teil von den Kreisen erhoben worden waren, fast 40.000,– DM als Überschuss wieder an die Kreise nach einem derart komplizierten Schlüssel zurückverteilen musste, nicht gerade nach den Maßstäben der Rationalität konzipiert war. Die Beschlussausschüsse wurden mit dem ersten Vereinfachungsgesetz 1958 aufgehoben.

Sage niemand, Verwaltung sei unfähig, sich zu ändern. Manchmal dauert es nur etwas länger. Übrigens: Die erste Rechenmaschine, die alle vier Grundrechenarten beherrschte, stellte Gottfried Wilhelm Leibniz um 1700 vor.

26 022,75 : 1 742 279 = 0,01493604

Bonn-Stadt	= 125 602	· 0,01493604	= 1875,99649608
Köln-Stadt	= 630 232	· 0,01493604	= 9413,17036128
Bergheim	= 94 700	· 0,01493604	= 1414,44298800
Bonn-Land	= 151 341	· 0,01493604	= 2260,43522964
Euskirchen	= 95 197	· 0,01493604	= 1421,86619988
Köln-Land	= 155 926	· 0,01493604	= 2328,91697304
Oberberg. Kreis	= 122 413	· 0,01493604	= 1828,36546452
Rhein. Berg. Kreis	= 163 027	· 0,01493604	= 2434,97779308
Siegkreis	= 203 841	· 0,01493604	= 3044,57732964
			26022,74883516

Kontrolle: 1 742 279 · 0,01493604 = 26 022,74883516

Gerechnet mit Brunsviga Rechenmaschine gez. 29/4.

Der sich nach der Gegenüberstellung von Einnahmen und Ausgaben ergebende Überschuß von 26 022,75 DM verteilt sich auf die Stadt- und Landkreise wie folgt:

Bonn-Stadt	1 875,99	DM
Köln-Stadt	9 413,18	"
Bergheim	1 414,44	"
Bonn-Land	2 260,44	"
Euskirchen	1 421,86	"
Köln-Land	2 328,92	"
Oberberg. Kreis	1 828,36	"
Rhein. Berg. Kreis	2 434,98	"
Siegkreis	3 044,57	"
	26 022,75	DM

Abb. 21: Katalog „Vom Amtsleben" (1984, S. 41)

Euskirchen

93 500 · 0,01064182

187000
747000
93500
374000
561000
93500

995,01007000

Köln - Land

147 800 · 0,01064182

295600
1182400
147800
591200
886800
147800

1572,86099600

Oberberg. Kreis

121 000 · 0,01064182

242000
968000
121000
484000
726000
121000

1287,66022000

Rhein. Berg. Kreis

159 100 · 0,01064182

318200
1272800
159100
636400
954600
159100

1693,11356200

Der sich nach der Gegenüberstellung von Einnahmen und Ausgaben ergebende Überschuß von 17.361,07 DM verteilt sich auf die Stadt- und Landkreise wie folgt:

Bonn - Stadt	1 240, 83 DM
Köln - Stadt	5 923, 23 "
Bergheim	985, 45 "
Bonn - Land	1 519, 66 "
Euskirchen	995, 01 "
Köln - Land	1 572, 86 "
Oberberg. Kreis	1 287, 66 "
Rhein. Berg. Kreis	1 693, 11 "
Siegkreis	2 143, 26 "
Insgesamt:	17 361, 07 DM

Abb. 22: Katalog „Vom Amtsleben“ (1984, S. 42)

„Stark und schön steht zur Schau: hehrer, herrlicher Bau"

Am Rheinufer erhebt sich imposant und wuchtig der lang ersehnte Neubau der „Regierung" (s. Abb. 23). Die gewaltige Front ist dem schönen Strom zugewandt, auf welchem die langen Schiffzüge zum Oberland und zum Meer fahren. Nicht in einen stillen Hof – auf den gewaltigen Weltverkehr blicken seine Insassen (!), wenn sie von der Arbeit aufschauen. Das gibt neue Gedanken und schärft den Blick.

In den Formen eines gemäßigten Barock ist dieser Bau ausgeführt worden. Es ist daher auch mit Recht betont worden, dass besonders der monumentale Mittelbau mit seinem reichen Portal und den durch 3 Stockwerke gehenden 6 korinthischen Säulen (selbst in der Kunstbetrachtung schlägt hier der bürokratische Stil durch: Zahlenangaben in Ziffern, als sei hier eine

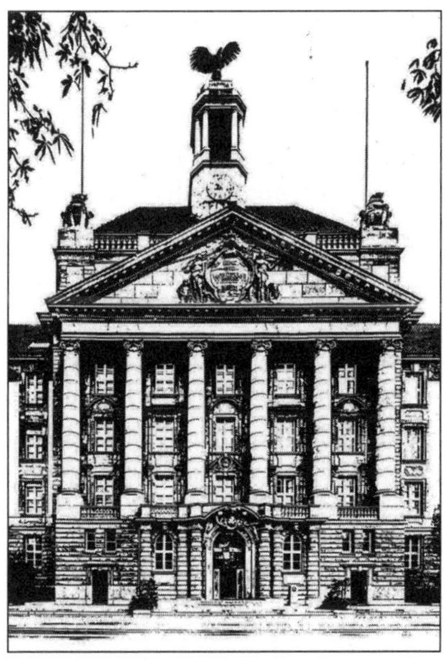

Abb. 23: Katalog „Vom Amtsleben" (1984, S. 19)

Verbrauchssteuer auf korinthische Säulen zu berechnen!, „welche einen flachen Frontgiebel mir reichem plastischen Schmuck tragen, von starker, großer Wirkung ist und dass das ganze Gebäude auch künstlerisch-repräsentativer Beziehung(!) das bietet, was in Rücksicht auf die beschränkten Mittel (3½ Millionen) zu erreichen war. Der Schöpfer (!) des monumentalen Baues, Herr Regierungs- und Baurat von Saltzwedel... Im übrigen wurden für den Bau, dessen Fläche 5300 m² beträgt, über sechs Millionen Ziegel, 3600 m³ Granit und Sandstein, 7000 m³ Mauersand, 3900 m³ Kalk, 100 Wagons Zement, für das Dach 650 m³ Holz verwandt... Um an bebauter Fläche zu sparen, sind vier Geschosse zu 4,30 Meter Höhe angeordnet worden. Daraus ergibt sich die Notwendigkeit, außer den vier elektrisch betriebenen Aktenaufzügen zwei Personenaufzüge einzubauen. Die Beleuchtung geschieht in den Bureaus, Zeichen- und Sitzungssälen durch elektrisches Licht. Das Präsidenten-Wohngebäude ist... direkt mit dem Hauptgebäude verbunden. Das erste Stockwerk enthält die Wohn- und Gesellschaftsräume, um eine Diele gelagert; von diesen Räumen ist das Speisezimmer auf fiskalische Kosten als Repräsentationsraum vollständig, auch mit Möbeln, Vorhängen u. a.(!) ausgestattet... ersetzt, wie Herr Regierungspräsident Kruse sagte, das „Schloss am Rhein".[38]

Obschon es dort längst keine Regierung mehr gibt, in der jemand präsidieren könnte – es präsidiert in diesem 1912 eingeweihten Gebäude immer noch der „Der Regierungspräsident". In der Tat: Als Schlossersatz ist dieses Gebäude konzipiert, ein Gebäude, in dem der Regierungspräsident als Vertreter des preußischen Königs zu residieren hatte.

Heute stellt sich allerdings die Frage, ob in denselben Räumen eine ganz andere Verwaltungskultur herrschen kann?

Wir haben uns in den vorherigen Kapiteln bemüht, Einblicke in den Zusammenhang von struktureller Kontinuität und Kultur herzustellen. Die systemische Gedankenfolge eröffnet einen anderen, breiteren Zugang zum Thema.

[38] So rühmt der österreichische Historiker und Archivar O. Redlich 1912 zur Einweihung den abgebildeten Bau am Rheinufer.

„Culture follows structure": ein systemischer Abschluss

Die Funktion der bürokratischen Organisation ist dem politischen, übergeordneten Demokratiemodell geschuldet. Der Bürokratie fällt die Aufgabe zu, möglichst reibungslos und effizient den politischen Willen der Legislative, des Volkswillens, umzusetzen. In dieser Funktionszuweisung spielen Menschen nicht nur eine untergeordnete Rolle. Sie kommen einfach nicht vor. Die Metapher von der Bürokratie als Maschine komprimiert dominantes Denken, die herrschende Sichtweise auf die bürokratische Organisation.

Im Organigramm dieses Typus von Organisation sind die hierarchischen Rollenzuweisungen der differenten und klar definierten Teilbereiche, (Abteilungen, Departements) symbolisiert; sie zielen auf die Darstellung idealtypischen Zusammenwirkens der Gesamtorganisation. Mit solchen Bildern werden Mythen bedient, die sich im politischen, sogenannten strategischen Handeln der politischen Führung wiederfinden.[39] Einerseits werden Vorstellungen geschaffen, die suggerieren, dass in der Mechanik des Zusammenwirkens („Maschine") sich eine Vereinigung zum „volonté générale" herstellen ließe. Andererseits wird über die vermuteten zielgerichteten Handlungen der Mitarbeitenden (siehe „Zielvereinbarungen") angenommen, dass dadurch mit wohlgeordneten Beziehungen die Mitarbeitenden das Organisationsziel unterstützen.

Organisationen (griech. organon) sind traditionell, historisch gewachsene Instrumente, Ziele zu erreichen. Im Falle der öffentlichen Einrichtungen sind das keine beliebigen Ziele, die sich, wie etwa bei Unternehmen aus dem profitorientierten Marktgeschehen, herausentwickeln und verändern können. Im Funktionszusammenhang des Gesellschaftmodells „Demokratie" gibt es eine klar definierte, exekutive Zuweisung (Im Deutschland nach 1949 verkompliziert durch föderale Strukturen), die, wohlverstanden, nicht beliebig ist, sondern ein Oktroi der Verfassung (seit 1848) ist. Daraus leiten

[39] Graeber (2016)

sich Folgen für die Struktur und die Kultur der öffentlichen Einrichtungen ab.

Aus der geschichtlichen Entwicklung wird ersichtlich, dass es Ähnlichkeiten zwischen den Organisationstypen des sogenannten freien Marktes und der bürokratischen Organisation gibt. Diese Ähnlichkeiten entstehen in historischer Ungleichzeitigkeit (vereinfacht: Moderne Demokratie gab es später als die industrielle Entwicklung) und dem Bemühen der Öffentlichen Einrichtungen, eine möglichst effiziente Kopie, der durch Unternehmer geschaffenen Organisationsformen zu sein. Aus der scheinbaren Gleichartigkeit der Organisationformen im wirtschaftlichen und im öffentlich-rechtlichen Kontext werden, bedauerlicherweise, aktuell Konzepte, Instrumente und Programme sichtbar, die nicht auf Ähnlichkeiten, sondern auf einem unhaltbaren Analogieschluss beruhen.

Dem zielgerichtet auf den Profit hin orientierten Marktgeschehen sind Organisationsformen zugrunde gelegt worden, die sich aus zwei historischen Quellen speisen: einer technikgeschichtlichen und einer militärgeschichtlichen Quelle.

Die industrielle Revolution unterwirft den Menschen der Maschine (Adam Smith 1884). Die Funktionsweise der Maschine, der Technik, wird zum entscheidenden Produktionsparameter: Der Unternehmer findet eine Organisationsform, die funktional zur Maschinentechnik und zu seinem Interesse, dem Profit bzw. der Verwertung seines eingesetzten Kapitals ist.

Das verlässliche, reibungslose Wirken der zugrundeliegenden Produktionsweise wird wissenschaftlich verfeinert (F. W. Taylor 1886) und in eine Organisationsform „gegossen", die der Maschinentechnik gerecht wurde: der Mensch als Funktion der Maschine.

Jedoch, eine effizient Arbeitsorganisation ist allein dadurch zu gewährleisten ist, dass man sich der Subordination des Menschen unter die Maschine Gewissheit zu verschaffen hatte. Der Griff zum Militärischen als Vorbild mechanistischer Einordnung lag im kriegstaktischen Erfolg (u. a. Friedrich der Große, 1740 ff) begründet. Dienstränge, Befehlsgewalt, Hierarchie, Uniformen und Reglements, Drill und Kommandosprach – all das hatte sich bewährt. Solche Binnenverhältnisse in Organisationen waren funktional und wurden nicht nur in Fertigungssondern auch in *Verwaltungsbereichen* übernommen. Die Organisation als mechanisierte Armee.[40]

Vor dem historischen Hintergrund der mechanisierten Industrie konnte Max Weber seine Vorstellungen von bürokratischer Organisation entwickeln: ein Maschinenmodell von absoluter Routine, Präzision, Beständigkeit, Zuverlässigkeit, Überwachung, Amtsautorität und detaillierten Regeln und Vorschriften. Nur in dieser Konstruktionsweise, so seine Gedanken, war zu gewährleisten, dass eine Exekutive, die Öffentliche Verwaltung, die ihr durch die Legislative zugewiesenen Aufgaben angemessen erfüllen konnte. Weber war damit einem gesamtgesellschaftlichen Trend, einem Zeitgeist, verbunden, der einerseits durch Demokratisierung, anderseits durch Technik- und Fortschrittsgläubigkeit gekennzeichnet war.

Diesem rationalen System von ineinandergreifenden Funktionen, Zahnrädern und Getrieben war der Mensch nicht nur untergeordnet, er kam darin nicht vor.[41] In der Differenz zwischen dem Maschinenmodell „Verwaltung" und der Tatsache, dass der Mensch aktuell nun doch (noch?) in dieser Maschine vorkommt, ja, sie ausübt, in Gang hält, sehen wir den Ort für unser Thema Kultur, Communications und Verhalten. Wir erleben eine Organisationskultur der Paradoxien: Einerseits wird von dem Mitarbeitenden gefühlloses, sachbezogenen Verwaltungshandeln einfordert, andererseits muss er/sie sich bemühen, die eigene Persönlichkeit, seine/ihre Wünsche, Bedürfnisse und Moral zu bewahren und mitunter auch zu zeigen.

Wir sehen eine individualpsychologisch interessante Ambiguität, die für uns in der Charaktermaske der *formalen Unpersönlichkeit* sichtbar wird.

Unsere historische Herleitung soll auch den Gedanken vermitteln, dass Subordination und Anpassung – ganz zwangsläufig und funktional – die dominanten Kulturelemente sind. Zwar ist die soziale Landschaft, oberflächlich betrachtet, diverser und vielfältiger. Dennoch ist es ersichtlich, dass die Interaktionen im sozialen Binnenleben der bürokratischen Organisation von diesen beiden dominanten sozialpsychologischen Kulturphänomenen – zwischen Subordination und Anpassung – geprägt sind und anderes vielfach

[40] Man beachte: Der Vorstandsvorsitzende einer Kapitalgesellschaft heißt in der angelsächsischen Unternehmenskultur „Chief Executive Officer" (CEO).)

[41] Vielleicht ist dies eine Perspektive, eine Dystopie, auf die Zukunft?

überblenden. Dass dies den Akteuren größtenteils nicht bewusst ist, ändert nichts an der Tatsache. Aus den Handlungsroutinen und Selbstverständlichkeiten des bürokratischen Alltags hat der Mitarbeitende eine soziale Charaktermaske entwickelt: die zweite Natur des Menschen, das bürokratische Ich.

Die genormte, kleinteilige Vorgabe von Kommunikationswegen („auf dem Dienstweg"), der rigide, hochgradig standardisierte Verlauf von Personalentwicklung und Karriere („Laufbahnverordnung", Konkurrenzsystem und Gratifikationskrise), die über Hierarchie vermittelten Abhängigkeiten und Machtverhältnisse (Stichwort: „me too" und andere soziale Übergriffe), Weisungsbefugnisse und der Gedanke der leistungsfernen „Alimentation" – all das sind wichtige Merkmale einer mechanistisch strukturierten Organisation, die mit großen Schwierigkeiten zu kämpfen hat, sich veränderten äußeren sozialen Bedingungen anzupassen.

Diese strukturellen Verhältnisse sind nicht dazu geeignet, Verantwortungsübernahme, Risiko- und Innovationsbereitschaft zu wecken oder zu fördern. Im Gegenteil wird institutionalisierte Passivität und subalterner Gehorsam gegenüber Amt und Autorität, der „Maschine" (und der sie repräsentierenden Menschen) erwartet und eingefordert. Die Menschen nach den Erfordernissen der mechanischen Organisation zu formen, ist das Ziel der bürokratischen Sozialisation. Individuelle Stärken, Fähigkeiten und Potentiale von Mitarbeitenden haben sich danach auszurichten. Kreative und intelligente Beiträge wirken in der Organisation dysfunktional und haben sich auf das größtenteils dichotom abgespaltene Privatleben zu fokussieren. Die Fähigkeit spontanen Handelns ist verkümmert.

Die Mechanisierung sozialer Interaktion kennt jenseits der eingeübten bürokratischen Wege keine Alternativen. Das „Bürokratische Ich" ist angesichts dieser „Reduktion" seiner/ihrer Persönlichkeit chronisch gekränkt: Eskapismus als eine von mannigfaltigen Folgeerscheinungen. Es gibt kaum einen Mitarbeitenden in der bürokratischen Organisation, dem nicht über mindestens eine Gratifikationskrise das Selbstwertgefühl beeinträchtigt wurde.

Rückgrat und relevanter Stabilisator dieser Strukturen ist der gehobene Dienst, der „von der Pieke auf" das dichte Netz der Verfahrensvorschriften verinnerlicht hat und insistierend, z. T. rigide, auf deren Einhaltung besteht. Hier ist viel Raum für Mikropolitik.

Natürlich gibt es auch Abteilungen, Geschäftsbereiche in der Organisation, die von der Mitarbeiterinnen-Struktur her, anders zusammengesetzt sind – sogenannte „Seiteneinsteiger", häufig Akademiker aus der Verwaltung fachfremden Disziplinen (Ingenieurswissenschaften, Jura, Medizin, Psychologie). Sie verfügen aufgrund ihrer „job descriptions" über ein höheres Maß an Arbeitsautonomie, sind seltener in repetitive Standardprozesse eingebunden. Die intelligente Kopfarbeit dieses Höheren Dienstes (ab Besoldungsstufe A 13) unterscheidet sich signifikant von der administrativen Handarbeit der Gesamtorganisation.[42] Aus dieser Dienststufe rekrutieren sich in der Regel mittlere und höhere Führungskräfte; sie bringen einerseits aufgrund ihrer Ausbildung – zunächst einmal – eine andere Kultur in die Organisation, werden andererseits aber auch schnell ins Amtsleben integriert.

Beklagt sich eine ältere Führungskraft über seine jüngeren akademisch ausgebildeten, sogenannten „Seiteneinseinsteiger", Originalton: „Die jungen Leute schreiben kaum noch „Vermerke", das war *bei uns* noch ganz anders. Das muss sich, auch im Sinne von Rechtsstaatlichkeit schnell ändern."

Was als sozialer Wandel registriert wird („Die Öffentliche Verwaltung ist ja doch moderner geworden"), stellt sich häufig als eine Art Charmeoffensive jüngerer Führungskräfte dar, die aufgrund gesamtgesellschaftlicher Umbrüche eine andere Kultur in die bürokratische Organisation hineinzutragen suchen. Originalton: „... mein Vorgesetzter ist sehr volkstümlich ...."

Die Kultur der Hierarchien des 19./20. Jahrhunderts sind gesamtgesellschaftlich nicht mehr so akzeptiert, wie es die im Modell vorgesehene, reibungslose Funktionsfähigkeit der Bürokratie vorsah. Jüngere Führungskräfte sind bemüht und werden in unzähligen Führungsseminaren darauf vorbereitet, die soziale Distanz zwischen sich und ihren Mitarbeitenden so auszugestalten, dass dieser evidente Widerspruch zwischen „Drinnen" (in der Organisation) und „Draußen" (in anderen sozialen Kontexten) erträglich wird. Und natürlich – die strukturelle Funktionsfähigkeit des Apparates muss stets gewährleistet bleiben.

Andererseits: Soziale Distanz erträglicher zu machen, bedeutet nicht, zu übersehen, dass soziale Distanz hierarchisch und strukturell zur DNA der bü-

[42] Eine Analogie aus der industriellen Trennung von Hand- und Kopfarbeit im 18./19. Jahrhundert.

rokratischen Organisation gehören. Positions- und Statusmacht sind generische Komponenten des Bürokratiemodells. Die darauf ausgelegte Sozialisation gibt über die verrechtlichen Karrieremuster der Laufbahnverordnung dem Einzelnen keine Chance, sich der allgemeinen Kultur des Amtslebens zu entziehen: eben ... culture follows structure.

Literaturverzeichnis

Dahrendorf, R. (2010), Homo Sociologicus, Berlin

Destatis, 22.06.2022: Öffentlicher Dienst 2021: Stärkster Personalzuwachs seit der deutschen Vereinigung. https://www.destatis.de/DE/Presse/Pressemitteilungen/2022/06/PD22_258_741.html

Graeber, D. (2016), Bürokratie, Stuttgart

Harari, Y. (2015), Eine kurze Geschichte der Menschheit, München

Henkel, M. & Taubert, R. (1986), IWK, 24 Jg., Berlin

Henkel, M. & Taubert, R. (1979), Maschinenstürmer, Frankfurt

Klages, H. & Schäfer, W. (1983), Organisation kommunaler Kulturverwaltung, Speyer

Krystek, U. u.a. (1995) Innere Kündigung, München

Klemperer, V. (1980), LTI, Notizbuch eines Philologen, Leipzig

Kroeber, A.L. & Kluckhohn, C. (1952), Culture: a critical review of concepts and definitions, NY

Kühl, S. (2020), Brauchbare Illegalität, Frankfurt/NY

Kühnhenrich, P. (2021), Verständlichkeit von behördlichen Dokumenten, Berlin

Linton, R. (1955), Incompatible Municipal Offices in New York, NY

Lohmar, U. (1978), Staatsbürokratie. Das hoheitliche Gewerbe, München

Peter, L. J. & Hull, R. (1970), Das Peter-Prinzip oder Die Hierarchie der Unfähigen, Reinbek

Scheibner, H. et al. (2016), Behavioral assessment of mindfulness difficulties in borderline personality disorder, Berlin

Sohn-Rethel, A. (2018), Geistige und Körperliche Arbeit, Stuttgart

Stegemann, J. (2022), Das große Versprechen. https://www.sueddeutsche.de/politik/nordrhein-westfalen-fluthilfe-flutkatastrophe-flut-nordrhein-westfalen-1.5583114?reduced=true

Taylor, F. (1911), Principles of Scientific Management, New York/London

Taubert, R. & Henkel, M. (1977), Autonomie und Integration, Berlin

Troll, T. (1984), Rotkäppchen auf Amtsdeutsch, Die Zeit, Nr. 52

von Arnim, H.H. (1980), Ämterpatronage durch politische Parteien, Wiesbaden

von Arnim, H.H. (1993), Der Staat als Beute, München

von Arnim, H.H. (2017), Die Hebel der Macht (und wer sie bedient). Parteienherrschaft statt Volkssouveränität, München

von Bullion, C. & Burkhardt, P. (2020) in: https://www.tagesspiegel.de/gesellschaft/panorama/glegenheit-macht- liebe-6513085.htmlDahrendorf,

von Bullion, C. & Burghardt, P. (2020), Amthors volle Transparenz. Lobbyismus in der Politik, in: Süddeutsche Zeitung. Online unter: https://www.sueddeutsche.de/politik/amthor-transparenz-lobbyismus-1.4943150

von Glasersfeld, E. (1987), Wissen, Sprache und Wirklichkeit, Braunschweig

Weber, M. (1980), Wirtschaft und Gesellschaft. Grundriss der verstehenden Soziologie, Tübingen

**„Ich bedaure,
Ihnen
keinen günstigeren
Bescheid erteilen zu
können“**